Katarzyr...

Entre la connaissance
et l'amour : le regard
dans l'univers romanesque
de Chrétien de Troyes

Cracovie 2012

Ouvrage publié avec le concours
de l'Institut de Philologie Romane
de l'Université Jagellonne de Cracovie

Critique : dr hab. Piotr Tylus

Consultation linguistique : Marie-Joëlle Desserre

Correction : Marta Stęplewska

Couverture : Piotr Białecki

En couverture : Barthélemy d'Eyck, miniature dans la „Théseide" de Boccac-
cio, vers 1470, Wien, Österreichische Nationalbibliothek, Ms. 2617. Repr.
d'après : Herzog René von Anjou, Buch vom liebentbrannten Herzen (Nat.
Bibl. In Wien, Hs. 2597). Miniaturen und Text herausgegeben und erläutert
von O. Smitalund Emil Winkler, Wien, 1926.

Typographie :

anatta.pl

ISBN 978-83-7638-213-5

KSIĘGARNIA AKADEMICKA Sp. z o.o.
ul. św. Anny 6, 31-008 Kraków
tel./faks: 12 43-127-43
akademicka@akademicka.pl

www.akademicka.pl

Entre la connaissance et l'amour :
le regard dans l'univers romanesque
de Chrétien de Troyes

À la mémoire de mon Père

« J'ai vu.
Celui qui a vu cesse de penser et de sentir.
Il ne sait plus que décrire ce qu'il a vu.
Voici la clef du monde de lumière. »

(Oscar V. de L. Milosz,
Cantique de la Connaissance)

Le présent ouvrage est une version abrégée et mise à jour de ma thèse de doctorat : *Entre la connaissance et l'amour : le regard dans l'univers romanesque de Chrétien de Troyes,* soutenue en 1995 à l'Université Jagellonne de Cracovie. Elle fut préparée sous la direction de Anna DRZEWICKA, professeur ordinaire à l'Université Jagellonne. Les rapports en furent faits par : Krystyna KASPRZYK, professeur ordinaire à l'Université de Varsovie et Regina BOCHENEK-FRANCZAKOWA, professeur à l'Université Jagellonne.

Introduction

C'est une idée un peu dangereuse que de choisir comme objet de ses recherches les romans de Chrétien de Troyes. Vu le nombre d'ouvrages consacrés à cet auteur, il faut être conscient des difficultés que représente le projet de jeter quelque lumière nouvelle sur son œuvre. Pourtant, il y a des zones d'ombres. Tout n'a pas été dit.

La source que sont les romans de Chrétien de Troyes ne cesse d'inspirer les esprits, en révélant des aspects toujours nouveaux de ces textes qui ne devraient pas rester étrangers au lecteur du XXIᵉ siècle. C'est dans l'espoir d'apporter une modeste contribution à ce grand courant de recherches que j'ai envisagé de me pencher sur la question de la présence du regard dans l'univers créé par le maître champenois et cerné par cinq romans : *Erec et Enide*, *Cligés*, *Le Conte de la Charrete (Lancelot)*, *Le Chevalier au Lion (Yvain)* et *Le Conte du Graal (Perceval)*[1].

---

[1] Dans mes analyses, je me réfère aux textes édités d'après la copie de Guiot (Bibl. nat., fr. 794), publiés dans les Editions Champion, collection « Classiques français du Moyen Age » : *Les romans de Chrétien de Troyes édités d'après la copie de Guiot (Bibl. nat., fr. 794). I. Erec et Enide*, publié par M. Roques, Paris 1990 (cité : *Erec et Enide*) ; *Les romans de Chrétien de Troyes édités d'après la copie de Guiot (Bibl. nat., fr. 794). II. Cligés*, publié par A. Micha, Paris 1982 (cité : *Cligés*) ; *Les romans de Chrétien de Troyes édités d'après la*

Divers chercheurs ont signalé dans leurs travaux des traces particulières de cette présence. John Bednar attribue au regard chrétienesque une symbolique néfaste[2]. Guido Favati révèle son aspect néoplatonicien[3]. Jean Frappier remonte à ses origines antiques[4]. Antoni Bartosz expose sa puissance gestuelle[5]. Per Nykrog insiste sur sa valeur cognitive[6]. Pourtant, une recherche de synthèse, portant sur la problématique du regard chez Chrétien, n'a pas encore été effectuée.

Mon choix s'est porté sur le regard à cause de la fonction de synthèse dont je le considère porteur dans les textes étudiés. Synthèse de deux aspects de l'univers dans lequel fonctionnent les protagonistes chrétienesques : l'aspect de la connaissance et celui de l'amour. Le regard y assiste les protagonistes à chaque étape de leur existence amoureuse et chevaleresque, en leur procurant une connaissance nouvelle ou approfondie et en contribuant à la naissance et au développement de leur

copie de Guiot (Bibl. nat., fr. 794). III. Le Chevalier de la Charrete, publié par M. Roques, Paris 1990 (cité : Chevalier de la Charrete) ; Les romans de Chrétien de Troyes édités d'après la copie de Guiot (Bibl. nat., fr. 794). IV. Le Chevalier au Lion (Yvain), publié par M. Roques, Paris 1982 (cité : Chevalier au Lion) ; Les romans de Chrétien de Troyes édités d'après la copie de Guiot (Bibl. nat., fr. 794). V. Le Conte du Graal (Perceval), t. I, publié par F. Lecoy, Paris 1990 (cité : Conte du Graal, t. I) ; Les romans de Chrétien de Troyes édités d'après la copie de Guiot (Bibl. nat., fr. 794). VI. Le Conte du Graal (Perceval), t. II, publié par F. Lecoy, Paris 1984 (cité : Conte du Graal, t. II).

2   Cf. J. Bednar, La spiritualité et le symbolisme dans les œuvres de Chrétien de Troyes, Paris 1974.

3   Cf. G. Favati, « Una traccia di cultura neoplatonica in Chrétien de Troyes : Il tema degli occhi come specchio (Cligés, vv. 692-749) », [dans :] Studi in onore di Carlo Pellegrini, éd. G. Natoli, Torino 1963, pp. 3-13.

4   Cf. J. Frappier, Chrétien de Troyes, l'homme et l'œuvre, Paris 1957.

5   Cf. A. Bartosz, Le sens et la représentation du geste dans le roman français des XIIe et XIIIe siècles, thèse dactylographiée, soutenue à Paris IV, en 1994.

6   Cf. P. Nykrog, Chrétien de Troyes – romancier discutable, Genève 1996.

amour. Entre la connaissance et l'amour il existe d'ailleurs tout un espace, comblé, lui aussi, par le regard. L'univers romanesque de Chrétien est plein de silence. Même si la remarque du narrateur, causée par le silence de Perceval lors du cortège du Graal[7], nous révèle que l'auteur était loin de mépriser la valeur de la parole, le domaine préféré des protagonistes, il y va d'un monde contemplatif qui existe grâce au regard. Ce caractère contemplatif a retenu également mon attention. J'ai trouvé dans la notion de « contemplation » une des clés principales de mon étude : c'est elle qui, en passant par le regard, semble relier l'ordre de la connaissance à celui de l'amour. Il faut d'ailleurs souligner que Chrétien dote le verbe « contempler » d'une signification non seulement esthétique, mais aussi quasi-religieuse : dans bien des contextes évoqués dans ses romans, « contempler » signifie « adorer ». Par cette dimension mystique, il rejoint la définition de Richard de Saint-Victor : « Contemplatio est perspicuus et liber contuitus animi in res perspiciendas ».

Le fait d'adopter la *contemplation* comme notion-clé de mes recherches, m'a amenée à distinguer deux axes principaux de l'analyse :

1. L'axe du rapport « regard – connaissance ».
2. L'axe du rapport « regard – amour ».

Les résultats de cette analyse vont être présentés dans deux parties du livre, complémentaires et analogues aux axes distingués :

1. Le regard et la connaissance.
2. Le regard et l'amour.

---

[7] Cf. *Conte du Graal*, t. I, vv. 3236-3239 : « se criem que il n'i ait domage, / que j'ai oï sovant retraire / que aussi se puet an trop taire / com trop parler, a la foiee ».

La première partie contient trois chapitres, dont les deux premiers sont consacrés à la vraie connaissance : ils parlent des rencontres qui se sont réellement passées, qui ont permis de connaître la réalité, qui ont enrichi les héros par l'expérience de la rencontre avec l'Autre, qui ont fait naître un sentiment sincère. La vérité de ces situations et celle de la connaissance qui en résulte, sont la conséquence de la vérité découverte par le regard des protagonistes : du regard de leurs yeux, vérifié et approfondi par le regard de leurs cœurs.

A côté du regard qui s'oriente vers la vraie connaissance, émerge parfois dans nos textes un regard faux et trompeur. Il s'agit d'un regard limité par un préjugé social, faussé par une illusion, trompé par un enchantement, assombri par une épreuve ou troublé par une émotion. Lui aussi, il a trouvé sa place dans notre réflexion développée dans cet axe de recherches.

La deuxième partie du livre, consacrée à l'analyse d'une relation entre le regard et l'amour, se veut symétrique à la partie première. Ainsi, à la phase initiale de la connaissance, marquée par la première rencontre, correspond la naissance de l'amour. A l'approfondissement de la connaissance s'associe le développement du sentiment amoureux : ainsi, une double connaissance suppose-t-elle un double amour. Le regard des yeux mène à l'amour profane, le regard du cœur conduit à l'amour spirituel.

Le chapitre portant sur le développement de l'amour embrasse aussi certains aspects de ce qu'on pourrait qualifier comme « amour faux », car menant à une dégradation du protagoniste. Enfin, le dernier chapitre de cette partie traite d'un rôle particulier du regard, celui du médiateur entre l'amour et la lumière.

J'ai cru utile de faire précéder les deux parties principales de mon étude par une introduction qui situe le thème du regard dans les contextes philosophique, théologique et littéraire de l'époque. Cette évocation de l'ambiance intellectuelle propre aux temps contemporains de l'activité de notre romancier semble indispensable : elle permet, dans la suite du travail, de distinguer l'imitation et la reprise des idées de l'époque du génie créateur de l'auteur. Elle rappelle aussi qu'une des spécificités du roman médiéval est de se situer au croisement de la doctrine et du romanesque.

L'extension du champ semantique du regard chrétienesque est impressionnante. J'ai organisé ce champ autour de deux verbes : *esgarder* (*regarder*) / *veoir* et, par analogie, autour de deux substantifs : *esgard* (*regard*) / *vue*. Ils me semblent complémentaires par leur nature : *esgarder* est doté d'un caractère plus dynamique ; *veoir* – d'un caractère plus statique. Quant aux substantifs *esgard* (*regard*) / *vue*, ils évoquent tout un éventail de significations : *reflet, miroir, vision, image, spectacle*. Précisons que le regard n'a besoin d'aucun support pour fonctionner : il est un symbole suggestif en soi-même. Pourtant, les notions qu'il suscite, créent autour de lui « comme une aura suggestive »[8], faisant de lui « le centre d'un réseau d'images et de thèmes »[9] qui permettent de constituer un véritable univers de réalités et de symboles. C'est grâce à cette capacité extraordinaire qu'il nous fait pénétrer dans le monde fascinant du dit et du non dit, de la *semblance* et de la *senefiance*, mystérieux et séduisant pour le destinataire des textes chrétienesques.

---

[8]   G. Michaud, « Le thème du miroir dans le symbolisme français », [dans :] *Cahiers de l'Association Internationale des Etudes Françaises* 1959, n° 11, p. 201.

[9]   *Ibidem*.

I. Le thème du regard
dans le contexte du XIIᵉ siècle

1. Les sources platoniciennes[1]

Parmi les courants philosophiques dont on découvre les traces dans les romans de Chrétien de Troyes, il faut nommer en premier lieu le platonisme ou, plutôt, le néoplatonisme, car c'est surtout sous cette forme que les idées de Platon parviennent jusqu'au XIIᵉ siècle. Même si l'influence de l'esprit platonicien sur la conception de l'amour inscrite dans les romans courtois est souvent ignorée ou passée sous silence, il n'est pas niable qu'elle ait pu s'exercer. Le « climat platonicien » est bien répandu à l'époque[2], et même si le XIIᵉ siècle ne connaît que trois dialogues de Platon : *Timée*, *Phédon* et *Ménon*, les idées de leur auteur, transmises par les maîtres arabes, pénètrent dans la philosophie, la théologie et la littérature européennes de cette période. Celle-ci ne cesse pas de croire, avec

---

[1] Le contenu de ce chapitre a été déjà publié dans mon article « Les sources platoniciennes du motif de la connaissance amoureuse par le regard dans les romans de Chrétien de Troyes », [dans :] *Studia Litteraria Universitatis Iagiellonicae Cracoviensis* 2 (2007), sous la réd. de R. Bochenek-Franczakowa, pp. 9-19. L'éditeur a donné son accord pour la publication du texte dans le présent volume.

[2] Voir à ce propos M.-D. Chenu, *La Théologie au XIIᵉ siècle*, 2ᵉ éd., Paris 1966.

Platon, « que ce monde est celui des apparences et que la réalité vraie réside dans les Idées »[3]. Par cette conviction, son esprit se révèle plus proche de celui des XVe et XVIe siècles que ne le sera l'esprit du siècle suivant[4].

Il n'est pas possible d'affirmer, avec une entière certitude, que Chrétien de Troyes ait connu l'enseignement du maître de l'Antiquité. Pourtant, vu sa formation de clerc, il est difficile d'imaginer qu'il lui fût inconnu. Même si notre romancier ne s'occupe ni de questions philosophiques ni théologiques, il ne reste point indifférent aux motifs et symboles d'inspiration platonicienne qui – transmis par la patristique grecque, latine et ses continuateurs – fécondent l'esprit de la vie intellectuelle de ses contemporains. Leur présence se fait surtout découvrir dans ce qu'on pourrait définir comme motif de la connaissance amoureuse qui se réalise par l'intermédiaire du regard.

Nous n'allons pas essayer de reconstruire la « théorie optique »[5] qui, sans être exposée sous la forme d'un traité particulier, est pourtant bien présente dans les écrits de Platon. Nous allons, en premier lieu, rendre la parole au philosophe en disposant ses énoncés dans un cercle thématique concentré autour du regard et de la vision qui, d'ailleurs, occupent dans son œuvre une place considérable puisque, comme il l'affirme lui-même, « l'ouvrier de nos sens s'est mis beaucoup plus en dépense pour la faculté de voir et d'être vu que pour les autres »[6]. Le point

---

[3]   P.-Y. Badel, *Introduction à la vie littéraire du Moyen Age*, Paris 1969, p. 58.

[4]   Cf. E. Gilson, cité par E. Garin dans *Studi sul platonismo medievale*, Firenze 1958, p. 17. Voir aussi G. Tullio, « Le platonisme du XIIe siècle », [dans :] *Revue des Sciences Philosophiques et Théologiques* 1987, t. 71, pp. 243-259.

[5]   Le terme de « théorie optique » est employé, quant à Platon et Chrétien de Troyes, par G. Favati, dans son article « Una traccia di cultura neoplatonica in Chrétien de Troyes : Il tema degli occhi come specchio (*Cligés*, vv. 692-749) », *op. cit.*

[6]   Platon, *La République*, 507 c. Les citations des œuvres de Platon proviennent des éditions suivantes : Platon, *Œuvres complètes*, t. I : *Apologie de Socrate. Alcibiade*,

central de ce cercle est désigné par la contemplation qui relie l'ordre de la connaissance à celui de l'amour et qui se réalise grâce au regard de l'âme ou celui de l'esprit.

Nous allons présenter ensuite la transmission des éléments de cette « théorie optique » à travers les étapes du cheminement de la pensée de Platon du IVe siècle av. J.-C. jusqu'à l'époque de Chrétien de Troyes.

* * *

Il ne faut pas attribuer les origines de l'idée de contemplation à Platon même. Le mot grec θεωςία, qui va être assimilé dans la philosophie latine comme *contemplatio*, se rencontre déjà chez l'Ionien Hérodote où il « se rattache à l'idée première de vue »[7]. La même idée apparaît dans la fameuse réponse de l'Athénien Solon à Crésus de Sardes qui cherche à connaître la raison de son départ : « C'est, dit-il, pour voir le monde ». En relatant cette réponse, Hérodote explique que Solon voyage « dans le dessein de voir le monde, de se frotter aux hommes et de contempler leurs mœurs »[8]. La contempla-

---

textes établis et traduits par M. Croiset, Paris 1964 ; Platon, *Œuvres complètes*, t. II : *Hippias Majeur*, texte établi et traduit par A. Croiset, Paris 1936 ; Platon, *Œuvres complètes*, t. V : *Cratyle*, texte établi et traduit par L. Méridier, Paris 1931 ; Platon, *Œuvres complètes*, t. VI : *La République*, livres I-III, textes établis et traduits par E. Chambry, Paris 1943 ; Platon, *Œuvres complètes*, t. VII : *La République*, livres IV-VII, textes établis et traduits par E. Chambry, Paris 1946 ; Platon, *Le Banquet. Phèdre*, textes traduits par E. Chambry, Paris 1992. Même si le XIIe s. ne possède la connaissance directe que de trois dialogues : *Timée, Phédon* et *Ménon*, nous avons considéré dans nos recherches l'ensemble de l'œuvre du philosophe. Le climat platonicien ne dépend pas seulement de la connaissance des écrits mêmes de Platon : les fragments de ses textes sont aussi assimilés par l'intermédiaire de nombreux commentaires philosophiques et théologiques connus à l'époque.

[7]   A. J. Festugière, *Contemplation et vie contemplative selon Platon*, Paris 1975, p. 13.

[8]   *Ibidem*, p. 17.

tion est ainsi synonyme de sociabilité, la façon d'acquérir la
science pratique de la vie et la sagesse qui « n'est qu'un moyen
en vue de mieux agir : l'homme qui a beaucoup vu, beaucoup
entendu, l'homme d'expérience sait se tirer d'un mauvais pas,
donner de bons conseils »[9].

Cette assimilation de la contemplation à la science pratique subit une modification dans les *Dialogues* de Platon. Trois
points semblent ici novateurs :

- la transposition de l'objet du « connaître »,
- la sublimation et la spiritualisation de la contemplation,
- la fusion de l'idée de connaissance avec celle d'amour.

L'originalité de Platon est due au système qui suppose l'existence d'un monde parfait des Idées, inaccessible aux yeux du
corps, mais possible à contempler à travers les yeux de l'âme et
de l'esprit. Dans son *Esprit de la philosophie médiévale*, Etienne
Gilson constate :

> Platon [...] ne pensait pas que la nature des choses matérielles fût as-
> sez consistante pour en faire des objets de connaissance certaine. A la
> pensée pure s'ouvre le monde des Idées, qui sont objet de science, mais
> tout ce qu'atteint la sensation, flottant entre l'être et le non-être, ne peut
> fonder une connaissance plus haute que la simple opinion[10].

La théorie de la connaissance occupe une place considérable
dans l'œuvre de notre philosophe[11]. Il situe la vraie connaissance au niveau de la pensée pure : le seul organe de la vraie vision,
le guide de l'âme, c'est l'intelligence[12]. Ce guide est identifié,

[9]   *Ibidem*, p. 20.

[10] E. Gilson, *L'Esprit de la philosophie médiévale*, t. II, Paris 1932, pp. 23-24.

[11] Dans le système philosophique de Platon, A. Diès distingue en premier lieu « la
      théorie de l'être et du connaître » (A. Diès, « Introduction à la *République* »,
      [dans :] Platon, *Œuvres complètes*, t. VI, *op. cit.*, p. V).

[12] Cf. *Phèdre*, 246e-247d.

dans la majorité des textes, au « regard de l'âme » ou « regard de l'esprit »[13].

Dans *Phédon*, Platon critique la connaissance par les sens, en particulier par la vue et par l'ouïe[14]. Il explique en même temps que, pour avoir une vraie connaissance, il faut regarder avec les yeux de l'âme, puisque celle-ci, « rentrant en elle-même, [...] se libère du corps, des sens extérieurs, de la matière. Pure alors, son œil s'ouvre à la vue des formes pures »[15]. La même idée apparaît dans *Phèdre* : « La vue est, en effet, le plus subtil des organes du corps, cependant elle ne perçoit pas la sagesse »[16], dans le *Banquet* : « Les yeux de l'esprit ne commencent à être perçants que quand ceux du corps commencent à baisser »[17] et dans la *République*, dans l'allégorie de la caverne[18]. Nous retrouverons ce principe de connaissance dans *Cligés*, *Lancelot* et *Perceval* – les trois romans du maître champenois, où nous aurons à faire au phénomène d'une double connaissance due au regard des yeux et à celui du cœur.

Selon Platon et ses disciples, la pleine connaissance vient par les yeux de l'esprit ou de l'âme. La connaissance n'est pas cependant la seule fonction de cet « organe approprié » de la vision contemplative : en fait, le deuxième aspect de la contemplation est l'amour ; la dialectique de l'amour rejoint ici celle de la connaissance. Ainsi, ne nous paraît-il pas exagéré de définir la connaissance contemplative comme connaissance

---

13 Platon identifie souvent l'esprit à l'âme : dans *Cratyle*, il adopte la position d'Anaxagore qui, selon Aristote, « identifie l'âme et l'esprit » (*De anim.*, I, 2, 404 a). Pourtant, il n'est pas rare qu'il place l'esprit au-dessus de l'âme.

14 Cf. *Phédon*, XXVI, XXXIII, XLVIII.

15 *Ibidem*, 65b-d, 65e-66a.

16 *Phèdre*, 250a-e.

17 *Le Banquet*, 218c-219b.

18 Cf. *La République*, 514a-517a.

amoureuse et l'amour contemplatif – comme amour cognitif. En fait, les *Dialogues* révèlent souvent ce caractère complémentaire de l'amour et de la connaissance. Comme le remarque A. J. Festugière, « la théorie de l'amour est au fond de la doctrine platonicienne : nul ne sera philosophe s'il n'a reçu le don divin de l'amour, aiguillon de la recherche philosophique »[19].

Pour esquisser la théorie de la vision amoureuse chez Platon, nous adoptons, comme point de départ, la définition du terme *érôs* que le philosophe introduit dans *Cratyle* :

> Quant à *érôs* (amour), c'est parce qu'il « coule en » l'âme du dehors, et que ce courant, au lieu d'appartenir en propre à celui qui l'éprouve, s'introduit de l'extérieur par les yeux, qu'il était anciennement appelé *esros*, de *esrhéïn* (« couler dans »), car nous employions « o » à la place de « ô » ; aujourd'hui on l'appelle *érôs* par changement de « o » en « ô »[20].

Cette définition explique, en même temps, comment l'amour naît dans l'âme de l'aimé : c'est que le courant des émanations que sa beauté dégage revient de l'amant sur lui et le dispose à aimer ; il ressent une affection qui est comme l'image de l'amour que l'on a pour lui. Nous retrouvons cette explication dans *Phèdre*, dans le passage où Platon décrit l'état de l'âme éprise d'amour :

> Quand elle regarde la beauté du jeune garçon et que des parcelles s'en détachent et coulent en elle – de là vient le nom donné au désir – et qu'en la pénétrant, elles l'arrosent et l'échauffent tout ensemble, l'âme respire et se réjouit[21].

Il est intéressant de constater que, contrairement à la connaissance que l'âme ne reçoit pas comme une chose que l'on introduit en elle du dehors, l'amour arrive jusqu'à l'âme

---

[19] A. J. Festugière, *Contemplation et vie contemplative selon Platon, op. cit.*, p. 342.

[20] *Cratyle*, 420a-b.

[21] *Phèdre* 250e-251d. Voir aussi *Hippolyte* 525-526 : « Eros, qui par les yeux distille le désir ».

de l'extérieur. Cette trace de la doctrine platonicienne se retrouve dans plusieurs romans de Chrétien où tout commence
par le regard. La découverte de l'amour et de la haine, celle de
la tendresse et de la cruauté, de la fidélité et de la trahison, de la
vérité et du mensonge, de la beauté et de la laideur, de la chevalerie et de la prouesse, situées à leur double niveau – sensuel
et intérieur – passent par le regard des yeux ou du cœur pour
atteindre la raison, la volonté ou bien la mémoire. L'aspect cognitif du regard est un des plus importants dans l'œuvre du
maître champenois. Regarder et voir c'est d'abord découvrir,
c'est ensuite concevoir et c'est, enfin, comprendre. Mais regarder, c'est aussi aimer et surtout ouvrir la voie à l'amour.

La naissance et l'essence même de l'amour sont liées à l'idée
de la beauté. En fait, dans l'enseignement de Platon, celle-ci est,
à côté du bien, l'idée de première importance. Le bien et le beau
non seulement se complètent et se conditionnent, mais souvent
se confondent : il arrive que le bien soit défini par le beau. Dans
Lysis, Socrate constate : « c'est le bien qui est beau »[22] et dans le
Banquet : « les bonnes choses sont belles en même temps »[23].

Déjà dans *Hippias majeur* (portant comme sous-titre *Sur
le beau*), Platon cherche à définir le beau ; son effort se dirige
vers l'idée générale de beauté. Cependant, comme le remarque Alfred Croiset, « cette idée générale est entendue à la façon
purement socratique, comme une conception de l'esprit, non
comme une entité supérieure selon la vraie doctrine platonicienne : la théorie des Idées n'a rien à voir ici »[24]. De plus, le

---

[22] *Lysis*, 216d.

[23] *Le Banquet*, 201a-d. Rappelons que le *Banquet*, qui porte comme sous-titre *De
l'amour*, contient l'exposé de Socrate sur la beauté. En ce qui concerne *Phèdre*,
qui traite de l'amour, elle est nommée aussi *De la beauté*.

[24] A. Croiset, « Notice sur *Hippias majeur* », [dans :] Platon, *Œuvres complètes*, t. II,
op. cit., p. 5.

philosophe se concentre dans ce dialogue sur l'amour, le beau physique et le regard des yeux. C'est dans les textes plus tardifs qu'il invitera à regarder une beauté divine qui ne se montre qu'à l'âme.

Les yeux de l'âme sont appelés à admirer la beauté idéale qui brille d'un éclat particulier. C'est la beauté qui est la condition de l'engendrement non seulement charnel, mais surtout spirituel ; c'est elle qui fait naître les « vertus véritables »[25].

Dans le *Banquet*, nous apprenons que la contemplation de la beauté est « le dernier degré de l'initiation dans les mystères de l'amour »[26] : partant de l'amour de la beauté du corps humain, le sage doit s'orienter vers le « terme suprême », celui de la beauté qui « existe en elle-même et par elle-même, simple et éternelle, de laquelle participent toutes les autres belles choses, de telle manière que leur naissance ou leur mort ne lui apporte ni augmentation, ni amoindrissement, ni altération d'aucune sorte »[27].

Le chemin de la connaissance et de l'amour mène par les yeux du corps et de l'âme. L'organe de la vue, tellement privilégié dans la philosophie de Platon, serait pourtant impuissant sans un intermédiaire qui unit l'œil à l'objet – la lumière. Dans un de ses fameux dialogues, contenu dans la *République*, Platon donne une des plus complètes explications du rôle de celle-ci dans le processus de la connaissance qui passe par le regard :

> L'ouïe et la voix ont-elles besoin d'une autre chose d'espèce différente, l'une pour entendre, l'autre pour être entendue, de sorte que, si cette troisième chose fait défaut, l'une n'entendra pas, l'autre ne sera pas entendue ? – Nullement, dit-il. – Je crois, ajoutai-je, que beaucoup d'autres facultés, pour ne pas dire toutes, n'ont besoin de rien de semblable. En

---

[25] Cf. *Le Banquet*, 206a-d, 211e-212d.

[26] *Ibidem*, 210a.

[27] *Ibidem*, 210e-211d.

vois-tu une qui fasse exception ? – Non, dit-il. – Mais pour la faculté de voir et d'être vu, ne conçois-tu pas qu'elle a besoin d'autre chose ? – Comment cela ? – La vue a beau être dans les yeux, et l'on a beau vouloir en faire usage ; la couleur de même a beau se trouver dans les objets ; s'il ne s'y joint une troisième espèce de choses faite en particulier dans ce dessein même, tu sais que la vue ne verra rien et que les couleurs seront invisibles. – Quelle est cette chose dont tu parles ?, demanda-t-il. – C'est ce que tu appelles la lumière, répondis-je. – C'est juste, fit-il. – Ainsi donc le lien qui unit le sens de la vue et la faculté d'être vu est d'une espèce bien autrement précieuse que tous ceux qui unissent les autres sens à leur objet, à moins que la lumière ne soit une chose méprisable. – Il s'en faut de beaucoup, dit-il, qu'elle soit méprisable[28].

Cette luminosité du monde de la connaissance et de l'amour est bien présente dans les romans de Chrétien, influencés par l'esthétique du XIIe s.[29]

La notion de lumière implique les notions de reflet, de miroir et d'ombre auxquelles Platon a si souvent recours pour expliquer sa théorie des Idées, en particulier dans l'image de la ligne et des segments[30] et celle de la caverne[31]. Le monde visible serait, selon cette analogie, construit des ombres, des reflets des « objets réels » qui eux-mêmes constituent un monde invisi-

---

[28] *La République*, 507c-508a.

[29] Sur l'importance de la lumière dans l'esthétique médiévale, on peut lire : J. Daniélou, *Histoire des doctrines chrétiennes avant Nicée*, t. I : *Théologie du Judéo-Christianisme*, t. II : *Message évangélique et culture hellénistique*, Paris 1958–1961 ; E. de Bruyne, *Etudes d'esthétique médiévale*, t. I-III, Bruges 1946 ; idem, *L'Esthétique du Moyen Age*, Louvain 1947 ; H. de Lubac, *Exégèse médiévale. Les quatre sens de l'Ecriture*, t. I-II, Paris 1959–1964 ; E. Gilson, *Etudes de théologie et d'histoire de la spiritualité*, Paris 1943 ; idem, *La Philosophie au Moyen Age, des origines patristiques à la fin du XIVe siècle*, 2 éd., Paris 1944 ; Z. J. Kijas, *Niebo. Dom Ojca*, Kraków 2001 ; idem, *Odpowiedzi na 101 pytań o rzeczy ostateczne*, Kraków 2004 ; J. Leclercq, F. Vandenbroucke, L. Boyer, *Histoire de la spiritualité chrétienne*, t. II : *La spiritualité du Moyen Age*, Paris 1961.

[30] *La République*, 509e-511e.

[31] *Ibidem*, 514a-521b.

ble. Les premiers éléments de cet aspect de la théorie optique apparaissent dans *Alcibiade* où Socrate explique à Alcibiade le sens et le moyen de réaliser le précepte de Delphes « Connais-toi toi-même » : la métaphore du miroir devient ici la clé pour comprendre cette forme de connaissance[32]. Le miroir étant identifié à la raison, Platon enseigne que le devoir de l'homme est celui de connaître son âme : il y a en elle quelque chose de supérieur et de divin qui est la raison, le reflet de Dieu en nous ; si l'on veut se connaître soi-même, « on doit regarder une âme et, dans cette âme, la partie où réside la faculté propre à l'âme, l'intelligence, ou encore tel autre objet qui lui est semblable. [...] En elle, nous voyons comme dans un miroir l'image divine »[33] : telle est la connaissance que l'homme doit acquérir avant toute autre connaissance.

Parmi les continuateurs de l'enseignement de Platon, citons en premier lieu Plotin (env. 203-269). Comme le remarque Paul Bastid, « dans l'école néoplatonicienne, Plotin apparaît incontestablement comme le grand initiateur et la figure dominante. C'est sur sa philosophie qu'ont porté à juste titre les plus nombreux et les plus importants travaux de l'érudition moderne »[34].

Plotin, qui se disait « commentateur » de Platon, a transformé l'enseignement de son maître en fondant un nouveau système philosophique contenant des éléments de diverses théories idéalistes de la philosophie grecque, en restant totalement ouvert à des domaines tels que la cosmologie, la psychologie, la

---

[32] Cf. *Alcibiade*, 132d-133c.

[33] M. Croiset, « Notice à *Alcibiade* », [dans :] Platon, *Œuvres complètes, op. cit.*, t. I, p. 57.

[34] P. Bastid, « Proclus principal propagateur du néoplatonisme », [dans :] *Le Néoplatonisme. Colloques internationaux du Centre National de la Recherche Scientifique. Royaumont, 9-13.06.1969*, Paris 1971, p. 403.

théorie de la connaissance, l'éthique, l'esthétique. Son néoplatonisme contient pourtant des idées originales, à savoir le mo-
nisme qui se caractérise par la conception dynamique de l'être
et qui contient la théorie de l'émanation. Selon Plotin, l'Etre
premier, le plus parfait et source de tout ce qui existe, c'est l'Absolu de qui émanent trois formes (hypostases), rangées dans
l'ordre de l'imperfection croissante : monde idéal, monde psychique et matière. La connaissance dont le moyen privilégié est
l'extase, consiste en un rapprochement à l'Absolu[35].

La doctrine néoplatonicienne a trouvé de nombreux partisans parmi lesquels dominent, successivement, trois écoles[36] :

- l'école alexandro-romaine qui propage la forme primi-
  tive du néoplatonisme et dont le représentant le plus illustre est Porphyre (234-304) ;

- l'école de Syrie, avec Jamblique (250-330), qui développe
  pe la métaphysique du néoplatonisme, en particulier la
  théorie de l'émanation ;

- l'école d'Athènes, avec Proclus (410-485), qui enrichit la
  métaphysique de Plotin d'une teinte mystique.

Parmi tous ces philosophes, « l'un des disciples de Platon a
exercé jusqu'à la fin du Moyen Age une influence plus directe
sur les esprits : c'est Proclus, à travers lequel les doctrines néoplatoniciennes ont été longtemps saisies »[37]. Il occupe, au Vᵉ siè-

---

[35]   Cf. Wł. Tatarkiewicz, *Historia filozofii*, t. I, Warszawa 1981 ; J. Legowicz, *Historia
       filozofii średniowiecznej Europy Zachodniej*, Warszawa 1986.

[36]   Dans ce classement, je me réfère à W. Tatarkiewicz, *Historia filozofii, op. cit.*, t. I.

[37]   P. Bastid, « Proclus principal propagateur du néoplatonisme », *op. cit.*, p. 403.
       Dans la suite de son exposé, l'auteur explique : « Le fait a d'autant plus d'impor-
       tance que ces doctrines ont évolué au cours des siècles. Deux cents ans séparent
       déjà Proclus de Plotin. Dans l'intervalle, de nombreux commentateurs de Platon
       ont manifesté leur zèle sur les textes du maître et c'est un peu la synthèse de
       leurs observations, en général perdues, que Proclus consigne dans ses écrits, en

cle, une position intermédiaire entre celle de Porphyre et celle de Jamblique : il réalise une synthèse de points de vue opposés, « comme une doctrine moyenne évitant les exagérations dans un sens ou dans l'autre, et propre par conséquent à assurer une diffusion fidèle de la substance du néoplatonisme »[38].

L'influence de Proclus se manifeste dès l'Antiquité chrétienne finissante et se poursuit dans le monde arabe et l'Occident médiéval. La première transposition de son enseignement se trouve dans l'œuvre de Denys l'Aréopagite (fin du Ve – début du VIe s.) qui est une sorte de syncrétisme où se mélangent l'inspiration chrétienne, grecque, juive et orientale : Proclus y a une part prépondérante, des fragments entiers lui sont empruntés. Scot Erigène (env. 810-870) s'en inspirera.

Quand les influences grecques pénètrent dans le monde islamique par l'intermédiaire de la Syrie, la pensée de Proclus y tient toujours une place importante. Elle se révèle surtout dans le fameux *Liber de causis*, faussement attribué à Aristote et qui contient des fragments des *Eléments de théologie* de Proclus. Le texte est complété par un autre traité, traduit vers 840 en arabe sous le nom de *Théologie d'Aristote* et qui n'est qu'un choix de fragments des dernières *Ennéades* de Plotin. Les philosophes arabes ont placé ainsi sous l'autorité d'Aristote une synthèse de l'aristotélisme et du platonisme qui – avec la traduction du *Liber de causis*, à la fin du XIIe s., par Gérard de Crémone – sera retransmis à l'Occident[39].

Le néoplatonisme fut la dernière formation philosophique conçue par la Grèce : sous son signe prend fin la philosophie

---

y ajoutant ses réflexions personnelles. Quoi qu'il en soit, ce qu'il transmet à ses successeurs byzantins, arabes ou médiévaux, c'est une image clichée du néoplatonisme d'où la libre spontanéité du fondateur est absente » (*ibidem*).

[38]   *Ibidem*, p. 404.

[39]   Cf. *ibidem*, pp. 404-405.

antique, mais lui-même dépasse l'Antiquité, car il a trouvé son prolongement dans la pensée chrétienne. Les systèmes de la philosophie chrétienne orientale – dès Origène jusqu'à Jean Damascène – adoptent ses principales idées qui vont influencer la philosophie chrétienne de l'Occident où la pensée de Platon sera connue, en premier lieu, grâce à saint Augustin (354-430) qui, dans de nombreux points de sa philosophie, s'en inspire. Nous retrouvons les déclarations, que le saint fait à propos de sa lecture des écrits de celui-ci, dans les *Confessions*[40], dans le *De Civitate Dei*[41] et dans une petite dissertation, bien connue au Moyen Age, *De Ideis*. Comme le remarque Jean Pépin, « Augustin gardait en mémoire et, très probablement, avait matériellement à sa disposition certains textes philosophiques : ce sont naturellement les 'quidam Platonicorum libri ex graeca lingua in latinam uersi' [...], au nombre desquels sans doute figuraient les 'Plotini paucissimi libri' qu'il dit avoir lus »[42].

Il est à remarquer que l'inspiration platonicienne est particulièrement visible dans la théorie de la connaissance de saint Augustin qui y adopte l'existence du monde des Idées. Cependant, à la différence de Platon, Augustin affirme que ce monde invisible reste lié à Dieu : les Idées sont, en réalité, les Idées Divines. Cette vision de la réalité implique une forme particulière de la connaissance, celle mystique.

La forme du néoplatonisme, proposée par saint Augustin, changera au IXe s. avec Scot Erigène qui, traduisant les écrits du Pseudo-Denys et de Maxime le Confesseur, enrichira

---

[40] Voir, par exemple, VII 9, 13 ; VIII 2, 3.

[41] X 14, X 23.

[42] J. Pépin, « Augustin, *Quaestio 'De Ideis'*. Les affinités plotiniennes », [dans :] *From Athens to Chartres. Neoplatonism and Medieval Thought. Studies in honour of Edouard Jeauneau*, Leiden – New York – Köln 1992, pp. 117-134.

l'interprétation augustinienne du platonisme par les richesses de la pensée patristique grecque. C'est au XIIe s. que cette vision du néoplatonisme subira, par suite de l'élargissement de la connaissance des sources platoniciennes, une métamorphose. Des lumières nouvelles y seront jetées par l'Ecole de Chartres. Trois de ses chancelliers : Bernard (mort vers 1130), appelé par un de ses contemporains « le plus parfait parmi les platoniciens de notre siècle », Gilbert de la Porrée (mort en 1154) et Thierry (mort vers 1155), optent non pour le « Platon christianisé » par Augustin, mais pour le retour au « platonisme pur ». Ainsi, Bernard réduit les *universalia* aux idées platoniciennes et Thierry lie le platonisme au pythagoréisme[43].

* * *

Ayant effectué un long chemin, l'enseignement de Platon, vital pour le monde intellectuel du XIIe s., laisse ses traces dans les romans de Chrétien de Troyes. Même s'il est difficile de parler ici d'une forme précise du néoplatonisme, il est possible d'y rattacher certains éléments de la symbolique et du sens. Nous avons insisté sur deux aspects de la philosophie de Platon – la connaissance et l'amour, liés par la lumière – pour remonter à l'essence de la contemplation qui est une des notions fondamentales de l'enseignement du maître de l'Antiquité, mais aussi une des clés de l'univers représenté dans les romans du maître champenois : privé d'elle, cet univers perdrait toute sa beauté et toute sa profondeur.

---

[43]   Cf. Wł. Tatarkiewicz, *Historia filozofii, op. cit.*, t. I, p. 239.

2. Le contexte théologique

À côté de l'influence des idées néoplatoniciennes, nous retrouvons dans les romans de Chrétien de Troyes une influence discrète des courants théologiques du XIIᵉ siècle. Il importe pourtant de préciser que notre auteur n'est jamais devenu dans ses œuvres un moralisateur rigide qui se serait servi de son œuvre pour exposer l'enseignement des théologiens. Comme le remarque Jean Frappier, « ses romans ayant trait à des situations psychologiques et des problèmes moraux qui intéressent surtout la vie du siècle et un bonheur mondain, l'action exercée sur lui par la Bible demeure limitée »[44].

Même si Chrétien intercale dans certains passages des accents didactiques (tel discours sur l'amour et la haine dans l'*Yvain*), il serait difficile d'accepter l'opinion de Pierre Gallais qui place notre auteur parmi les écrivains dont l'œuvre « participe du prestige et de la quasi-infaillibilité du Livre et de ses commentaires »[45]. En fait, si notre romancier emploie des proverbes et des sentences, souvent un seul vers suffit pour exprimer leur sagesse[46].

Les romans de Chrétien ne ressemblent en rien à des romans à thèse. Pourtant, en tant qu'auteur qui a passé par la clergie, il n'ignorait ni la Bible ni son exégèse. Danielle Queruel considère que, « comme tout homme cultivé au XIIᵉ siècle, il a lu et assimilé la Bible et les Textes Saints – sans doute dans

---

[44] J. Frappier, *Chrétien de Troyes, l'homme et l'œuvre, op. cit.*, p. 21.

[45] P. Gallais, *Genèse du Roman occidental. Essais sur* Tristan et Iseut *et son modèle persan*, Paris 1972, p. 53.

[46] M. Altieri remarque à ce propos : « On trouve chez Chrétien davantage de sentences brèves et frappantes que de sentences raisonnées et ni lui ni ses personnages ne peuvent être accusés de prêcher » (A. Altieri, *Les romans de Chrétien de Troyes. Leur perspective proverbiale et gnomique*, Paris 1976, p. 53).

les traductions latines – et leur emprunte volontiers images
et comparaisons »[47] ; en fait – en tant que poète et romancier, il n'aurait pu rester insensible ni à la beauté ni à la profondeur des symboles bibliques même si, parfois, il transpose
ces symboles dans le monde des valeurs profanes. Comme ses
contemporains, il se sert du langage religieux qui, d'ailleurs, est
parfaitement assimilé par l'époque, puisque « la formation intellectuelle donnée par les clercs marque toute pensée. Elle lui
fournit des thèmes à méditer, des formes de raisonnement, tout
un vocabulaire. Lors même qu'une intuition neuve ou une ré-
volte veulent s'exprimer, elles ne le peuvent que par le langage
à leur disposition, celui des clercs »[48].

Le XIIᵉ siècle doit à la Bible le procédé de la création allégo-
rique : adoptant les habitudes de l'exégèse, les lettrés de cette
époque distinguent la *parole coverte* et la *parole overte*, le sens
caché et le sens littéral, la *senefiance* et la *semblance*[49]. L'allégorie n'est donc pas un simple ornement de rhétorique, mais permet de définir les notions supérieures, en décrivant la réalité
à son niveau concret et inférieur.

La théologie médiévale, fondée en grande partie sur les
autorités que sont les textes anciens, s'appuie, jusqu'au XIIIᵉ
siècle, sur l'interprétation de l'Ecriture par saint Augustin et

---

[47]   D. Queruel, « Chrétien de Troyes, premier romancier français », [dans :] *La Vie
       en Champagne* 1992, n° 428, p. 3.

[48]   P.-Y. Badel, *Introduction à la vie littéraire du Moyen Age, op. cit.*, p. 38.

[49]   Comme le rappelle D. Poirion, les premières interprétations allégoriques ap-
       paraissent avec les premiers commentaires faits sur l'*Iliade*, sous l'influence de
       la pensée juive (cf. D. Poirion, *Introduction au 'Roman de la Rose'*, Paris 1973,
       p. 12). Sur la lecture de la Bible au Moyen Age, voir H. de Lubac, *Exégèse médié-
       vale. Les quatre sens de l'Ecriture, op. cit.*, t. I-II, où l'auteur rappelle, entre autres,
       la théorie des quatre sens de l'Ecriture, systématisée au XIIIᵉ siècle et formulée
       dans un fameux distique latin : « littera gesta docet, quid credas allegoria, mora-
       lis quid agas, quo tendas anagogia ».

par les autres Pères de l'Eglise qui s'inspirent de l'enseignement de Platon[50]. C'est une théologie idéaliste, en relation avec une philosophie essentiellement platonicienne. La connaissance du monde repose au Moyen Age sur le regard et sur l'image : comme le remarque M. M. Davy, « la connaissance de l'univers introduit l'homme médiéval dans le mystère de Dieu et dans son propre mystère. Ainsi la connaissance de soi et du monde lui donne accès au modèle dont le monde est l'image »[51]. L'univers conçu comme le miroir dans lequel Dieu se reflète, nous renvoie au principe cognitif de l'analogie non conceptuelle, mais symbolique : l'homme du XIIe siècle pense plutôt avec des catégories d'images qu'avec des concepts ; il vit dans un monde plongé dans l'Infini où les réalités visibles et invisibles se confondent et se conditionnent. Suivant la recommandation de saint Paul consistant à chercher les choses invisibles par l'intermédiaire des choses visibles[52], les philosophes et les théologiens du Moyen Age indiquent à leurs contemporains des voies de la connaissance : celles de l'observation et de la contemplation de la nature et de ses lois considérées comme le reflet de l'univers divin[53]. Une telle conception de l'univers et de l'homme conduit, dans le langage intellec-

---

[50]   Cf. J. Bernhart, *Die Philosophische Mystik des Mittelalters*, München 1922, pp. 33-47.

[51]   M.-M. Davy, *Initiation à la symbolique romane (XIIe siècle)*, Paris 1977, p. 147.

[52]   Cf. Ro 1, 20 : « En effet, depuis la création du monde, ses perfections invisibles, éternelle puissance et divinité, sont visibles dans ses œuvres pour l'intelligence ». Toutes les citations bibliques proviennent de l'édition : *La Bible*, trad. œcum., Paris 1987.

[53]   La théorie qui domine la mentalité des intellectuels médiévaux est celle du Microcosme et du Macrocosme où le terme « microcosme » désigne l'homme en tant que terme d'une relation d'analogie dont l'ensemble de l'univers extérieur – « macrocosme » – est l'autre terme. L'homme constitue ainsi l'abrégé de la création entière.

tuel du XIIᵉ siècle, à une opposition évidente de la réalité matérielle et spirituelle, de l'extérieur et de l'intérieur. Cependant, cette opposition, qui est en fait la conséquence du dualisme de la philosophie grecque, devient moins radicale grâce à l'assimilation de la Bible dont le langage ignore le dualisme. Nous ne considérons pas comme digression inutile de présenter ici quelques remarques qui concernent le langage biblique, en particulier dans le domaine du vocabulaire du regard.

La notion-clé de l'univers biblique n'est pas celle de l'opposition, mais de la corrélation. Pour en donner un exemple, rappelons que, si pour Platon le corps est traité comme un tombeau pour l'âme spirituelle (*sôma sêma*), pour les auteurs de la Bible le corps est la demeure de l'âme, son expression plus vulnérable, mais indispensable pour l'accomplissement de la finalité de l'homme. La relation entre les deux n'est plus : supérieur/inférieur, maître/esclave, prison/prisonnier, mais elle s'exprime dans les termes : correspondance, interdépendance, réciprocité. Cette relation singulière s'illustre aussi bien par la présence des deux corrélatifs : celui du cœur et celui des yeux. Il importe en effet pour nos recherches de constater que le regard apparaît rarement isolé dans la Bible. Pour qu'il s'exprime pleinement, il a besoin du cœur.

Dans le langage biblique, le cœur ne renvoie pas uniquement à la vie affective de l'être humain. Si l'Occident en fait aujourd'hui le siège des sentiments, les auteurs bibliques y avaient localisé la vie, l'intelligence et l'intuition ; le cœur désigne ici toute la personnalité consciente, intelligente et libre[54].

---

[54] Dans le glossaire de la traduction œcuménique de la Bible, nous trouvons l'explication suivante : « Les mots de l'hébreu et du grec désignant le cœur sont assez rarement employés au sens propre dans la Bible. Les langues bibliques par contre les utilisent fréquemment en des sens figurés assez différents de ceux qui correspondent au mot français 'cœur' » (*La Bible, op. cit.*, p. 1847).

En tant que l'organe central, il correspond à la notion du centre largement compris : c'est un centre vital puisqu'il assure la circulation du sang, mais c'est surtout le centre de la vie psychique, siège de l'intelligence. C'est « le centre caché de l'homme, l'endroit intérieur et secret où la personnalité de l'homme est, pour ainsi dire, concentrée »[55]. Dans le Livre de Samuel, Dieu explique : « Les hommes voient ce qui leur saute aux yeux, mais le Seigneur voit le cœur »[56]. L'auteur du Livre de Sirac annonce que, pour avancer sur les chemins de la vie, l'homme reçoit « le jugement, la langue et les yeux, les oreilles et le cœur pour réfléchir »[57]. Dans l'Evangile de Marc, le Christ demande à ses adversaires : « Pourquoi tenez-vous ces raisonnements en vos cœurs ? »[58], et dans celui de Luc, Il s'écrie : « Esprits sans intelligence, cœurs lents à croire tout ce qu'ont déclaré les prophètes ! »[59]. Les « sages de cœur » ont l'esprit de sagesse : leur cœur pense, décide, ébauche des projets, affirme ses responsabilités. Saint Paul dira, dans l'Epître aux Corinthiens : « C'est [le Seigneur] qui éclairera ce qui est caché dans les ténèbres et mettra en évidence les desseins des cœurs »[60]. Dans l'Epître aux Ephésiens, il ajoutera : « Que le Dieu de notre Seigneur Jésus-Christ, le Père à qui appartient la gloire, vous donne un esprit de sagesse qui vous le révèle et vous le fasse vraiment connaître : qu'Il ouvre votre cœur à sa lumière »[61]. Le cœur est le siège de la volonté et de la justice : le roi David est présenté comme un roi qui « avait eu à cœur de bâtir une Maison pour le nom

---

[55] *Ibidem.*

[56] 1 S 16, 7.

[57] Si 17, 6.

[58] Mc 2, 8.

[59] Lc 24, 25.

[60] 1 Co 4, 5.

[61] Ep 1, 17.

du Seigneur »[62] ; le roi d'Assyrie, Assour, possède un cœur qui
ne juge pas comme jugent les cœurs des rois justes[63]. Lorsque
Dieu envoie les fléaux sur l'Egypte, le cœur du Pharaon reste
obstiné : il ne laisse pas partir son peuple[64]. Le Deutéronome
nous explique la cause de la défaite de Sihôn : « Mais Sihôn ;
roi de Hesbôn, n'a pas voulu nous laisser passer par chez lui,
car le Seigneur ton Dieu avait rendu son cœur résistant, pour
le livrer entre tes mains ce jour-là »[65]. La mémoire et l'imagination relèvent du cœur, de même que la vigilance. Rappelons
que, en hébreu, « faire attention » se dit « sim lev », c'est-à-dire
« mettre son cœur ».

Aussi bien dans les rapports humains que dans ceux entre
l'homme et Dieu, l'attitude profonde du cœur reste essen-
tielle. Le cœur est cependant soustrait aux regards humains.
Les auteurs bibliques lui donnent alors un correspondant externe – les yeux. L'expression des yeux indique l'état d'esprit de
l'homme. Pourtant, ce principe psychologique n'englobe pas
toute la signification du regard. Le regard de l'homme biblique
est surtout un double regard : l'œil du corps est accompagné de
l'œil du cœur qui souvent devient la « manière imagée de dé-
signer l'intelligence »[66]. L'œil – organe de la perception visuelle
– devient le symbole de la perception intellectuelle. Il faut donc
considérer l'œil du corps dans sa fonction de réception de la
lumière physique et l'œil du cœur dans son rôle de l'absorption
de la lumière spirituelle. Précisons que l'œil du cœur occupe
dans les textes bibliques une place beaucoup plus considérable
que celui du corps ; il est l'instrument de la sagesse : « avoir les

---

[62]   1 R 8, 17.

[63]   Cf. Is 10, 7.

[64]   Cf. Ex 9, 7.

[65]   Dt 2, 30.

[66]   *La Bible, op. cit.*, p. 1371.

yeux ouverts » signifie « comprendre ; reconnaître »[67]. Dans l'Evangile de saint Matthieu, il est décrit comme « la lampe du corps » : « La lampe du corps, c'est l'œil. Si donc ton œil est sain, ton corps tout entier sera dans la lumière. Mais si ton œil est malade, ton corps tout entier sera dans les ténèbres »[68].

Le regard de l'homme biblique remplit avant tout la fonction cognitive : voir c'est connaître et comprendre. Ce regard humain est accompagné du regard de Dieu. Le rôle de celui-ci est beaucoup plus complexe : jeté sur l'homme, il signifie le salut de celui sur qui il se pose. L'auteur des Psaumes exprime sa conviction profonde : « Des cieux, le Seigneur regarde et voit tous les hommes [...]. Il veille sur ceux qui le craignent »[69] ; « le Seigneur a les yeux sur les justes, et l'oreille attentive à leurs cris »[70]. Job, se croyant abandonné de Dieu, pleure sa misère : « Il ne me discernera plus, l'œil qui me voyait. Tes yeux seront sur moi, et j'aurai cessé d'être »[71]. Dans le Livre d'Isaïe, Yahvé annonce : « C'est vers celui-ci que je regarde : vers l'humilié, celui qui a l'esprit abattu, et qui tremble à ma parole »[72]. Dieu, jetant les yeux sur l'homme, s'en préoccupe et se dispose à lui porter le secours : « Il siège tout en haut et regarde tout en bas les cieux et la terre »[73]. Le regard humain a la force de guérir, il a aussi la force de réduire au néant. L'Ancien Testament, dans certaines situations, montre le Dieu-Juge sévère dont les cou-

---

[67] Cf. Gn 3, 7 : « Leurs yeux à tous deux s'ouvrirent et ils surent qu'ils étaient nus ».

[68] Mt 6, 22-23.

[69] Ps 33, 13-14.

[70] Ps 34, 16.

[71] Jb 7, 8.

[72] Is 66, 2.

[73] Ps 113, 5-6. Voir aussi Ps 11, 4 ; « Ses yeux observent, du regard il apprécie les humains ».

pables fuient, effrayés, la Face[74]. Le regard de Yahvé possède une puissance créatrice : dans le récit de la tour de Babel, Dieu voit, Dieu dit, Dieu fait[75]. Tout le premier chapitre de la Genèse est rythmé par les actions succinctes : Dieu dit..., Dieu fit..., Dieu vit... Le regard de Dieu est un appel : les premières rencontres de Jésus avec ses disciples sont d'abord celles des yeux[76].

La symbolique du regard contenue dans la Bible trouve son explication et son amplification dans les écrits des philosophes chrétiens et des théologiens déjà à partir du IIe siècle. Développant le précepte de saint Paul « per visibilia ad invisibilia », saint Irénée (130-202) et saint Théophile d'Antioche (IIe siècle) enseignent que Dieu ne peut être connu qu'à travers ses œuvres. Saint Grégoire Nysséen (325-392) ajoute à la connaissance rationnelle une autre forme de la connaissance : celle mystique. Comme Platon et Plotin, il fonde son mysticisme sur la conviction que l'âme est l'image et la ressemblance de Dieu : Celui-ci se réfléchit en elle comme dans un miroir ; si l'âme garde sa pureté, il est possible de regarder en elle directement Dieu et les vérités éternelles. Saint Augustin (354-430) pousse la théorie de la connaissance mystique à l'illuminisme : l'intellect humain peut connaître la vérité sur Dieu dans la vision directe (*visio intellectualis*), accordée par la grâce divine. Contrairement à Aristote, pour qui la connaissance de Dieu consiste en raisonnement, Augustin considère que la vraie connaissance est un acte de l'intuition directe – de la contemplation. Celle-ci signifie pour lui la connaissance et l'union spirituelle pendant laquelle l'intellect, transformé par la lumière divine, trouve son bonheur à contempler Dieu.

---

[74]   Cf. Gn 4, 14 ; Am 9, 3.

[75]   Gn 11, 1-9.

[76]   Voir, par exemple, J 1, 35-51.

La Philocalie – recueil des textes traditionnels sur la prière orthodoxe, depuis les anachorètes égyptiens du IVe s. jusqu'aux moines du Mont Athos du XVe s. – attache une importance énorme à « l'œil de l'âme » qui réalise la contemplation. C'est Isaac de Ninive (VIIe s.), nommé aussi Isaac le Syrien, qui nous donne une des plus complètes définitions de la contemplation : « Qu'est-ce que la prière ? Un intellect libre de tout ce qui est terrestre et un cœur aux regards entièrement braqués sur l'objet de l'espérance »[77].

La lecture attentive des textes de la *Philocalie* révèle un changement important de l'attitude des Pères de l'Eglise par rapport au regard et à la vision : les maîtres des six premiers siècles – Evagre le Pontique, Macaire le Grand, Diadoque de Photicé, Marc l'Ermite, Barsanuphe et Jean – restent méfiants, en ce qui concerne la connaissance divine, envers les visions ; ils accordent la première place non au regard, mais à la parole. La prière parfaite consiste, selon eux, « à parler à Dieu sans distraction, en recueillant à la fois toutes ses pensées et tous ses sens »[78]. Le regard est alors permis uniquement dans sa fonction de connaître la misère humaine pour en tirer la leçon d'humilité.

Avec Isaac de Ninive, la perspective de la connaissance change encore : le regard est libéré, son rôle augmente ; on le dirige vers la Gloire de Dieu ; au lieu d'être alourdi par le poids de la condition humaine, il se laisse ravir dans la contemplation divine. L'optique initiée par Isaac continue dans l'œuvre des maîtres qui lui succèdent.

Dans sa description de l'état de la contemplation, Nicétas Stéthatos (XIe s.) constate : « L'âme est ravie dans l'air

---

[77] *Petite Philocalie de la prière du cœur*, traduite et présentée par J. Gouillard, Paris 1979, p. 135.

[78] *Ibidem*, p. 98.

lumineux, toute illuminée, purifiée encore et elle s'élève toute jusqu'au ciel et voit la beauté des biens préparés aux saints. Consumée par le désir, elle exprime par les yeux le fruit de la lumière en répandant un flot de larmes sous la motion illuminatrice de l'Esprit »[79]. Quant à Elie d'Ecdicos (XIIe s.), il considère la vision de Dieu comme le sommet de la vie mystique[80].

La contemplation vécue et décrite par les Pères de l'Eglise de l'Orient trouve une explication rationnelle et de plus en plus complète dans la doctrine des théologiens de l'Occident médiéval. C'est à Jean Scot qu'on attribue « le fait de préférer à saint Augustin les Pères grecs et, à leur école, d'introduire le platonisme dans la pensée chrétienne »[81]. Le problème de la vision de Dieu préoccupe ensuite les grands mystiques occidentaux, à savoir : saint Anselme, saint Bernard de Clairvaux, Hugues de Saint-Victor, Richard de Saint-Victor, Bruno de Segni, Rupert de Deutz[82]. Les mystiques sont bien d'accord sur le fait que la contemplation devrait être identifiée à une vision intérieure. Leur grande question est de savoir si « cette vision est une activité de l'intelligence, s'exerçant par des concepts ou d'autres intermédiaires, ou bien s'il faut y voir une participation à la lumière même de Dieu, dans le Christ glorifié »[83].

---

[79]   *Ibidem*, p. 135.

[80]   Cf. *ibidem*, p. 127.

[81]   J. Leclercq, F. Vandenbroucke, L. Bouyer, *Histoire de la spiritualité chrétienne*, *op. cit.*, t. II, p. 119. Voir aussi *I Mistici medievali*, éd. G. M. Bertin, Garzanti, s.l.n.d.

[82]   Voir à ce propos : M.-D. Chenu, *La Théologie comme science au XIIIe siècle*, 3e éd., Paris 1943 ; idem, *La Théologie au XIIe siècle*, *op. cit.* ; J. Leclercq, *Etudes sur le vocabulaire de la contemplation au Moyen Age*, Rome 1963 (*Studia Anselmiana*, n° 51).

[83]   E. Buonaiuti, *Il Misticismo medioevale*, Pinerolo 1928, p. 140.

Le XIIe siècle est l'héritier de toutes ces théories de la vision contemplative dont nous venons d'esquisser une brève caractéristique. Il est à remarquer que, jusqu'au XIIIe s., la théologie occidentale reste une théologie mystique platonisante ou augustinienne.

Un des grands maîtres en théologie contemplative de ce siècle est sans doute saint Bernard de Clairvaux (1091-1153). S'inspirant des écrits plutôt évangéliques que philosophiques, il propose une théorie du mysticisme selon laquelle la contemplation et l'extase sont les formes les plus parfaites de la connaissance. Il distingue quatre degrés de connaissance mystique : le premier est l'humilité, le deuxième – la compassion, le troisième – la contemplation, le quatrième – l'extase dans laquelle l'esprit regarde Dieu et Lui devient semblable[84].

L'enseignement de saint Bernard sera poursuivi par les maîtres de l'abbaye Saint-Victor. En fait, c'est Hugues de Saint-

---

[84] L'ascension de la montagne de perfection s'effectue, selon Bernard, en quatre étapes qui s'identifient à quatre degrés de l'amour. Au premier degré correspond l'état où l'homme s'aime lui-même pour lui-même. Au deuxième, celui où l'homme aime Dieu pour soi. Au troisième, l'homme aime Dieu pour Dieu. Au quatrième, enfin, l'homme s'aime lui-même pour Dieu et le corps subit une transformation glorieuse (cf. *L'Amour de Dieu. La Grâce et le libre arbitre*, introductions, traductions, notes et index par F. Callerot, J. Christophe, M.-I. Huille, P. Verdeyen, Paris 1993). Le quatrième degré de l'amour dont parle Bernard est celui qui, dans son schéma de l'élévation de l'âme vers Dieu, constitue le terme de la quête. Il est le propre de la vie céleste. Bernard le situe au ciel, en l'appliquant aux élus, ressuscités et dotés du corps glorifié. Pour le décrire, il recourt à la doctrine de la *deificatio*, terme traduit en français par « déification » ou « divinisation » de l'homme. Cette doctrine s'apparente par ses sources à la théologie des Pères grecs qui reste dans la ligne de l'enseignement de saint Irénée de Lyon, mais surtout dans celle de la tradition origénienne. Atteindre le plus haut degré de l'amour veut dire dans le langage de Bernard faire l'expérience de la déification, s'unir à Dieu dans l'union amoureuse tout en gardant sa nature humaine transformée. Cette union passe par la vision béatifique que Bernard qualifie de « vision qui déifie » (*ibidem*, p. 91).

Victor (1091-1141) et ses continuateurs (en particulier Richard de Saint-Victor), qui systématisent la théologie mystique de leur époque. Elle se révèle augustinienne et intellectuelle ; l'intelligence n'est cependant pas identifiée ici à la raison. H gues de Saint-Victor distingue trois niveaux de la connaissance : *cogitatio* / *meditatio* / *contemplatio*[85] et, pour les caractériser, il distingue trois types du regard, propres à l'œil du corps, l'œil de la raison et l'œil de la contemplation[86]. La vraie vision de Dieu se situe au niveau du regard contemplatif de l'âme. La contemplation est la vision intellectuelle de Dieu.

La théorie de la contemplation d'Hugues de Saint-Victor sera développée par son disciple, Richard de Saint-Victor dont le mysticisme, tout en maintenant l'inspiration augustinienne présente chez Hugues, se révèle bien platonicien, surtout là où Richard décrit six degrés de contemplation dont les quatre premiers sont les degrés préparatifs à la contemplation et se situent au niveau de l'imagination et de la raison. Le cinquième et le sixième degrés s'élèvent au-dessus de la raison pour atteindre Dieu[87].

* * *

La dimension spirituelle des romans de Chrétien de Troyes n'est pas facile à identifier. Même s'il possède une formation de clerc, le maître champenois est aussi l'auteur des romans courtois. Le spirituel et le sensuel s'entremêlent dans ses œuvres, en particulier là où il est question de l'amour courtois. Comme le remarque Erich Köhler, « on constate avec étonnement que jusqu'à nos jours on n'a pas réussi à se mettre d'accord sur la

---

[85]   Cf. *I Mistici medievali, op. cit.*, p. 59.

[86]   Cf. *ibidem*.

[87]   Cf. *Benjamin Major*.

part que prit à la spiritualisation de l'amour la pensée religieuse
et mystique, pas plus que sur les dimensions de cette spiritualisation même. Aux partisans passionnés de l'apport décisif
d'éléments religieux (E. Wechssler, D. Scheludko, M. Lot-Borodine, G. Errante) s'opposent des savants aussi érudits que
E. Gilson et A. I. Denomy, qui reconnaissent les influences réciproques de l'amour et de la mystique, mais nient toute relation causale et restent attachés au caractère laïque et sensuel
de l'amour courtois »[88]. En esquissant brièvement ce contexte
théologique de l'époque, notre but n'était pas de situer Chrétien de Troyes du côté des auteurs « spiritualisants » ou « sen-
sualisants ». Nous avons simplement cru utile, pour les besoins
de l'analyse qui suivra, d'indiquer quelques points où le motif
du regard chez Chrétien a pu rejoindre la pensée théologique
de son époque.

3. Le cadre littéraire

Les textes de Chrétien de Troyes témoignent d'une grande
originalité de leur auteur qui « ne se distingue pas seulement
par l'orientation nouvelle qu'il donne au roman, mais aussi par
un ton, un style, un type de narration qui ne sont qu'à lui »[89].
Pourtant, dans plusieurs domaines de son art, il reste imitateur.
Il se révèle moins original dans l'invention des motifs et des
techniques rhétoriques ; la nouveauté consiste en leur perfec-

---

[88] E. Köhler, *L'aventure chevaleresque : idéal et réalité dans le roman courtois, études
sur la forme des plus anciens poèmes d'Arthur et du Graal*, traduit par E. Kaufholz,
Paris 1974, pp. 160-161.

[89] M. Zink, *Introduction à la littérature française du Moyen Age*, Paris–Nancy 1993,
p. 68.

tionnement et leur application au genre romanesque[90]. Témoin de son temps, il est en même temps novateur.

Dans l'emploi du motif du regard, Chrétien est en premier lieu continuateur de l'héritage antique latin, en particulier d'Ovide. Il ne faut pas oublier qu'au Moyen Age Ovide fascine. Ovide le poète, Ovide le sage, le philosophe, le mage, le prophète. On fait de lui le saint et le paladin[91]. On l'étudie, on l'admire, on le glorifie, mais surtout on veut l'imiter. Ce sont en particulier les XIIᵉ et XIIIᵉ siècles qui se laissent séduire par son charme. A tel point qu'on les appelle *aetas ovidiana*[92]. Les œuvres d'Ovide sont étudiées dans les écoles et même considérées comme l'un des éléments d'une éducation libérale. L'apparition des premiers arts poétiques (*poetraie*), ainsi que la connaissance des préceptes de grammaire et de rhétorique de Victorinus, Donatus, Audax, Servius, de même que de ceux du *De inventione* de Cicéron, de l'*Ars Poetica* d'Horace, de la *Rhetorica ad Herennium* attribuée à Cicéron ou à Cornificius, facilitent l'accès à l'enseignement des Anciens[93]. On n'est guère

---

[90]   J. Frappier écrit à ce propos : «...l'emprunt véritable de sujets et de thèmes importe beaucoup moins que la façon de les traiter. Chrétien avait un art poétique, par lequel on saisit plus clairement, ou sans risques graves d'erreur, la nouveauté de son œuvre et la nature de son talent. Certains témoignages indirects, ceux du *Lanzelet* et des trois contes gallois de *Gereint*, d'*Owen et Lunet*, de *Peredur*, ainsi que ses propres déclarations, rapides et denses, sur la 'matiere', le 'sen' et la 'conjointure', persuadent qu'antérieurement à *Erec et Enide* les récits arthuriens n'avaient pas dépassé le niveau de ce qu'il appelle lui-même 'conte d'aventure', par opposition, semble-t-il, à la structure plus élaborée de ses romans» (J. Frappier, *Chrétien de Troyes, l'homme et l'œuvre, op. cit.*, pp. 210-211).

[91]   Cf. S. Viarre, *La survie d'Ovide dans la littérature scientifique des XIIᵉ et XIIIᵉ siècles*, Poitiers 1966, p. 6.

[92]   Cette époque succède à l'*aetas vergiliana* des VIIIᵉ-IXᵉ siècles et à l'*aetas horatiana* des Xᵉ-XIᵉ siècles.

[93]   Voir à ce propos E. Faral, *Recherches sur les sources latines des contes et romans courtois du Moyen Age*, Paris 1913 ; D. W. Robertson, « Chrétien's *Cligès* and

moins renseigné sur la poésie des Latins au milieu du XIIe siècle qu'au début du XVIe.

Chrétien assimile et adapte l'art poétique des Anciens ;
à plusieurs reprises il s'y réfère et même de façon explicite. Ainsi, par rapport aux influences philosophiques et théologiques,
celle de l'Antiquité latine est chez lui plus facile à identifier[94].

Le prologue de *Cligés* suggère que son auteur avait une
connaissance des œuvres d'Ovide qui dépassait celle des recueils des sentences du poète, bien en vogue aux XIIe-XIIIe siècles[95]. Parmi les œuvres qu'il avait composées précédemment,
il cite aussi ses imitations d'Ovide :

Cil qui fist d'Erec et d'Enide,
Et les comandemanz d'Ovide
Et l'art d'amors an romans mist,
Et le mors de l'espaule fist,
Del roi Marc et d'Ysalt la blonde,
Et de la hupe et de l'aronde
Et del rossignol la muance,
Un novel conte rancomance[96].

La maîtrise ovidienne que notre romancier a acquise par
son travail de traduction ou d'imitation d'Ovide[97] n'est pas

the Ovidian Spirit », [dans :] *Comparative Literature* 1955, t. VII, pp. 32-42 ;
E. K. Rand, *Ovide and His Influence*, New York 1963.

[94] La réflexion portant sur l'influence d'Ovide sur Chrétien de Troyes a été déjà
publieé dans mon article « L'influence d'Ovide sur le roman arthurien en France (roman en vers et roman en prose) », [dans :] *Cahiers de l'Association Internationale des Etudes Françaises* 2006, n° 58, pp. 277-290. L'éditeur a donné son
accord pour la publication du texte dans le présent volume.

[95] La connaissance des proverbes et des sentences bibliques et antiques reste aux
XIIe-XIIIe siècles bien répandue. Les vers les plus célèbres sont groupés en flo-
rilèges. Les intellectuels de l'époque basent ainsi souvent leur connaissance des
auteurs antiques sur les recueils fragmentaires de leurs œuvres.

[96] *Cligés*, vv. 1-8.

[97] Il s'agit des textes cités dans le prologue de *Cligés* : les *Comandemenz d'Ovide* (qui

restée sans importance pour ses romans. C'est à elle qu'il doit la souplesse et l'élégance de la narration, de même que la musicalité de son vers. C'est à l'école ovidienne qu'il s'exerce dans l'art de construire le monologue courtois qui renseigne sur les sentiments du héros : espoirs, inquiétudes, désespoirs et craintes. Chrétien suit ici la mode de son époque, selon laquelle si l'on veut parler de l'amour, on le fait à l'aide du langage d'Ovide.

Dans son étude des sources littéraires du *Chevalier au Lion*, Jean Frappier a signalé en plus « le coloris ovidien » dans le dessin des caractères féminins (*Art d'aimer*), dans l'emploi de la figure de la suivante-conseillère et confidente (cf. Dipsas, Cyprassis, Napé des *Amours* et les suivantes du premier Livre de l'*Art d'aimer*) et dans l'idée de faire tomber Yvain amoureux d'une jolie veuve (*Art d'aimer*, III, 431-432)[98]. Peut-on encore ajouter quelque élément à ces observations ?

Formulons en premier lieu une remarque d'ordre général : il serait difficile de noter la présence d'Ovide dans les romans de Chrétien sur le plan thématique. En vain on chercherait ici des figures mythologiques offertes par les *Métamorphoses*. L'espace arthurien abonde en sources, mais aucune n'est celle de Narcisse qui ne manifeste point sa présence. On garde le silence sur Echo. On se tait sur Orphée et sur Eurydice. Ni Daphné ni Tisbée n'ont accès à cet univers. Pirame est cité une seule fois dans le *Chevalier de la charrete*, mais coupé de sa propre histoire amoureuse et faisant fonction de simple référence. L'auteur lui consacre deux vers à peine, le citant comme modèle de la fidélité incarnée par Lancelot :

étaient inspirés, probablement, des *Remedia Amoris*), l'*Art d'Amors* (cf. *Ars Amatoria*), et la *Muance de la Hupe, de l'Aronde et du Rossignol* (cf. *Philomena*).

[98]   Cf. J. Frappier, *Le roman breton. 'Yvain ou le Chevalier au Lion'*, Paris 1953, pp. 34-36.

Donc le dut bien Lanceloz faire,
Qui plus ama que Piramus,
S'onques nus hom pot amer plus[99].

Le dieu d'Amour, lui aussi, se trouve souvent détrôné et perd de sa divinité. Dans l'*Yvain*, il sert d'instrument de louange de la beauté de la jeune fille au Château de la Pire Aventure :

[...]
n'avait pas dix-sept ans,
et s'estoit molt bele et molt gente,
qu'an li servir meïst s'antente
li deus d'Amors, s'il la veïst,
ne ja amer ne la feïst
autrui se lui meïsmes non.
Por li servir devenist hon,
s'issist de sa deité fors
et ferist lui meïsme el cors
del dart don la plaie ne sainne
se desleax mires n'i painne[100].

Il arrive même parfois que la beauté remplace l'Amour, en prenant l'initiative de blesser l'amant. Yvain, en avouant à Laudine sa passion, lui déclare :

– Dame, fet il, la force vient
De mon cuer, qui a vos se tient ;
An ce voloir m'a mes cuers mis.
– Et qui le cuer, biax dolz amis ?
– Dame, mi oel. – Et les ialz, qui ?
– La granz biautez que an vos vi.
– Et la biautez qu'i a forfet ?
– Dame, tant que amer me fet[101],

---

[99] *Chevalier de la Charrete*, vv. 3802-3804.
[100] *Chevalier au Lion*, vv. 5368-5378.
[101] *Ibidem*, vv. 2017-2024.

Dans l'épisode du Château de la Pire Aventure, le dieu d'Amour n'est qu'un prétexte pour développer une longue réflexion sur la plaie amoureuse. Une fois encore Chrétien prend ici de la liberté par rapport à son maître : la plaie d'amour n'est pas un mal, mais un don précieux. Et le maître champenois d'avertir : surtout, il ne faut pas la guérir ![102]

La même louange de la plaie d'amour se retrouve dans le *Chevalier de la Charrete* :

Amors molt sovant li escrieve
La plaie que feite li a,
Onques anplastre n'i lia
Por garison ne por santé,
Qu'il n'a talant ne volanté
D'emplastre querre ne de mire,
Se sa plaie ne li anpire,
Mes celi querroit volantiers[103].

L'influence d'Ovide se fait sentir aussi dans la conception de l'amour considéré comme maladie. Pourtant, dans ses *contes* arthuriens, Chrétien renonce à la description du *mal d'amors*, qu'il a si longuement développée dans *Cligés*, roman dit « byzantin ». La plaie d'amour est là, mais il n'est pas question de maladie destructrice. Le *mal d'amors* n'est pas incurable. Et Chrétien de proposer des remèdes différents de ceux suggérés par Ovide. Sa vision de l'amour est bien plus positive. La souffrance amoureuse est purificatrice, et elle prépare les amants à une suite plus heureuse à leur première rencontre. L'aveu amoureux met fin à cette maladie. La parole d'amour guérit les souffrances initiées par le regard d'amour. Ce don de la guérison offert à la parole amoureuse est une innovation importante, développée par Chrétien dans la convention du jeu courtois,

---

[102] Cf. *ibidem*, vv. 5379-5385.

[103] *Chevalier de la Charrete*, vv. 1336-1343.

qui s'éloigne ici de la vision sombre de la passion amoureuse bâtie par Ovide.

En parlant de l'amour naissant, Chrétien puise chez Ovide des images et des métaphores, surtout celle de l'amour naissant par suite de la blessure du cœur par la flèche de Cupidon. Il propose en même temps une modification importante qui se situe au niveau du regard. Dans les *Métamorphoses* ou dans les *Amours*, la flèche de Cupidon atteint directement le cœur de l'aimé(e), mais les yeux y sont omis. De même, sur les cinq fragments des *Héroïdes* qui emploient cette métaphore[104], il n'y en a pas un seul qui parlerait des yeux par lesquels passe la flèche. Parfois (et c'est le cas des *Héroïdes*)[105], Ovide évoque la rencontre des regards des amants, suite à laquelle naît leur amour. Mais dans ce type de rencontre, la flèche d'amour se montre absente. Dans l'*Yvain*, la blessure amoureuse des yeux est un point culminant dans les scènes qui relatent la naissance de l'amour[106]. En parlant d'Yvain qui observe secrètement Laudine, le narrateur constate : « [Amors] si dolcemant le requiert / que par les ialz el cuer le fiert »[107].

Chrétien combine donc deux motifs, traités par Ovide séparément : la flèche d'amour et le regard.

Dans le domaine du regard, une autre différence importante se dessine entre les deux auteurs. La conception du regard amoureux ovidien est toujours négative et pessimiste. Ce

---

[104] Cf. Lettres IV, VII, VIII, XV, XVI.

[105] Cf. *Héroïdes*, Lettres XII, XXI.

[106] L'analyse des scènes des rencontres amoureuses révèle l'existence de trois phases essentielles dans le processus de la naissance de l'amour : 1. Description de la beauté d'un ou des deux amants (phase initiale). 2. Blessure amoureuse des yeux et du cœur (point culminant de la scène). 3. Les yeux deviennent des ennemis et ensuite des complices des amants (phase finale).

[107] *Chevalier au Lion* vv. 1371-1372.

regard n'est chez lui qu'un organe physique de la vision optique. Il est coupable, car il pousse l'homme dans les pièges de
la passion. En nourrissant cette dernière, il mène au désastre.
Et Ovide d'avertir contre les dangers de la beauté séductrice et
trompeuse. Chez Chrétien, le regard devient plus complexe et
profond. Il se dédouble en regard des yeux et regard du cœur.
Enrichi de la dimension contemplative, héritée de la Bible et
de Platon, il devient plus positif. Chrétien ne condamne pas la
beauté, bien au contraire – il fait d'elle la source et le garant de
l'amour.

Enfin, une dernière remarque s'impose quant aux traces
ovidiennes dans les romans chrétienesques. Dans le *Chevalier
de la Charrete*, des échos lointains du mythe de Pirame et Tisbé
se font entendre dans l'épisode relatant les fausses nouvelles,
d'abord sur la mort de Lancelot dans le Pays de Gorre et ensuite sur la mort de la reine Guenièvre. Il est vrai que les deux
héros ovidiens ne sont pas mentionnés, que les circonstances
sont différentes et que le dénouement est heureux. Pourtant, la
double tentation de suicide, inscrite dans cet épisode, tentation
causée par la nouvelle trompeuse de la mort de la personne
aimée, fait penser à l'histoire de Pirame et Tisbé, tellement en
vogue aux XIIᵉ et XIIIᵉ siècles.

Il importe de souligner que Chrétien de Troyes, tout en
puisant dans les trésors de la parole ovidienne, lance un défi
à son maître. Il s'en inspire, mais il lui arrive bien souvent de le
contester. Au langage d'amour ovidien, il donne une orientation
nouvelle. D'un simple art de séduire, frivole et cynique, il le fait
passer à l'art de gagner un noble cœur. Il le transforme, comme
le dit Myrrha Lot-Borodine, « d'une aventure sans lendemain,
à un service savamment gradué, effectif »[108]. Tout en dramati-

---

[108] Cf. M. Lot-Borodine, *De l'amour profane à l'amour sacré. Etude de psychologie
sentimentale au Moyen Age*, Paris 1961, p. 42.

sant la peinture des sentiments avec des moyens rhétoriques offerts par Ovide, Chrétien rejette tout ce qui tient du fatalisme et du « naturalisme » de la passion amoureuse propres à ce dernier. Il renouvelle les images et les comparaisons ovidiennes en les combinant avec celles puisées dans la tradition chrétienne et celtique. L'Ovide antique, aux couleurs éteintes par l'excès de routine, rajeunit de la sorte et gagne en spontanéité. Il séduit non par les ruses et les intrigues amoureuses, mais par le charme de sa fraîcheur et de son élégance.

En cherchant des analogies quant à la présence du motif du regard dans d'autres œuvres littéraires du XIIe siècle, il serait difficile d'omettre le *Traité de l'amour courtois* d'André le Chapelain. Ce texte, rédigé en latin[109], dont l'auteur se dit dans la dernière partie (*De la condamnation de l'amour*) « chapelain de la cour royale »[110] et dont la composition se situe entre 1185-1187, est devenu dans son époque le code de l'amour courtois auquel se référaient les plus illustres cours occidentales. Comme le fait remarquer Claude Buridant, « à la mise en œuvre de l'amour courtois chez Chrétien de Troyes correspondrait sa mise en œuvre théorique chez André le Chapelain »[111].

Les similitudes entre les deux auteurs se manifestent surtout dans l'importance accordée au regard dans le processus de la naissance de l'amour. Tout au début du premier livre de son Traité, consacré à « examiner ce qu'est l'amour », André le Chapelain constate : « L'amour est une passion naturelle qui naît de

---

[109] Le titre original de l'œuvre est *De Amore* et l'auteur utilise pour nom Andreas Capellanus.

[110] M. Lazar accepte comme possible l'hypothèse que le traité fut composé à la cour de Marie de Champagne (cf. M. Lazar, *Amour courtois et « fin'amors » dans la littérature du XIIe siècle*, Paris 1964, p. 268).

[111] C. Buridant, « Introduction », [à :] André le Chapelain, *Traité de l'Amour Courtois*, traduit par C. Buridant, Paris 1974, p. 25.

la vue de la beauté de l'autre sexe et de la pensée obsédante de cette beauté »[112] ; « elle ne naît d'aucune action, mais de la seule réflexion de l'esprit sur ce qu'il voit. [...] Cette passion innée procède donc de la vision et de la réflexion »[113]. Dans le chapitre V du même livre, l'auteur cite la cécité qui « est un obstacle à l'amour car un aveugle ne voit pas et, de ce fait, rien ne peut provoquer en son esprit des réflexions obsédantes : l'amour ne peut donc naître en lui »[114]. Il précise en même temps que cette règle n'est valable que pour la naissance de la passion : « Mais je reconnais qu'il en est ainsi uniquement lorsqu'il s'agit des débuts de l'amour ; car si l'amour s'est emparé d'un homme avant qu'il ne devienne aveugle, je ne nie pas que ce sentiment puisse durer après que la cécité l'a frappé »[115].

Une différence s'impose pourtant entre les deux auteurs : tandis que la présence du regard dans le domaine de l'amour se montre chez Chrétien positive (le regard non seulement participe à la naissance de ce sentiment, mais, en plus, il le nourrit et le fortifie), André traite le regard comme un organe coupable qui peut mener à l'esclavage du désir, poussant les hommes à « prendre leur plaisir avec toutes les femmes qu'ils voient »[116]. Le regard chez le Chapelain n'est qu'un organe physique de la vision optique ; chez Chrétien – il est toujours double, comme double est la vision qu'il procure. Cette comparaison rapide nous permet de constater à quel point, d'un côté, l'auteur du *Traité de l'amour courtois* reste fidèle à l'idée ovidienne du regard et à quel point, de l'autre côté, Chrétien modifie cette idée

---

[112] André le Chapelain, *Traité de l'Amour Courtois, op. cit.*, p. 47.

[113] *Ibidem*, p. 48.

[114] *Ibidem*, p. 51.

[115] *Ibidem*.

[116] *Ibidem*.

en l'enrichissant des conceptions du regard et de la vision puisées chez Platon et surtout dans la Bible.

La différence dans la façon de comprendre le motif du regard et celui de la vision entraîne une divergence dans l'idée de la beauté chez les deux auteurs : si André le Chapelain suit toujours la ligne d'Ovide, proposée dans l'*Art d'aimer* et dans les *Héroïdes*, à savoir le dessein d'avertir le lecteur contre une beauté séductrice et trompeuse[117], Chrétien – en adoptant la position de Platon – fera de la beauté la source du bien et le garant d'un amour authentique.

La conviction que l'amour naît du regard se retrouve également dans bien des proverbes et sentences latines et vulgaires qui, suivant Marcelle Altieri, sont « employés dans le double but d'orner le style et d'édifier le lecteur ou l'auditeur »[118]. Chrétien apprécie, comme la majorité des auteurs de son époque, leur valeur[119] et s'en « sert [...] comme d'ornements, les utilise afin

---

[117] C'est ainsi que André le Chapelain avertit les amants contre des soins excessifs accordés à la beauté : « il ne convient pas à un homme de se parer comme une femme ou de se consacrer aux soins de la beauté » (livre I, chap. VI) ; « si tu vois une femme trop fardée, ne te laisse pas séduire par sa beauté avant d'avoir découvert avec certitude qu'elle ne fréquente pas les lieux de plaisir, car une femme qui ne compte que sur le pouvoir de séduction de ses fards n'est pas habituellement parée de beaucoup de vertus » (*ibidem*) ; « Comme je le disais pour l'homme, je crois que, chez la femme aussi, ce n'est pas tant la beauté que l'excellence des mœurs qu'il faut rechercher » (*ibidem*). Pour voir à quel point il imite ici Ovide, on peut consulter les *Héroïdes* : « Sint procul a nobis juvenes ut femina compti. / Fine coli modico forma virilis amat » (IV, vv. 75-76) et l'*Ars amandi* : « Forma viros neclecta decet. Minoida Theseus / Abstulit a nulla tempora comptus acu ; / Hippolytum Phaedra, nec erat bene cultus, amavit ; / Cura deae siluis aptus Adonis erat. / Munditie placeant » (I, vv. 505-510).

[118] M. Altieri, *Les romans de Chrétien de Troyes. Leur perspective proverbiale et gnomique, op. cit.*, p. 21.

[119] M. Altieri distingue trois catégories du « contenu proverbial » dans l'œuvre de Chrétien : proverbes, remarques sentencieuses ou sentences, phrases proverbiales (cf. *ibidem*, p. 26).

d'établir un rapport entre lui et son lecteur »[120]. En fait, dans le receuil des proverbes médiévaux de J. Morawski[121], dans celui de H. Walther[122] et de S. Singer[123], nous en retrouvons qui renvoient au lien qui se tisse entre le regard et l'amour :

- « La sont li oel, ce est amors »[124] ;
- « La ou est l'amour, si est l'oeil »[125] ;
- « Oculi amorem incipiunt, consuetudo perficit »[126] ;
- « Oculi sunt in amore duces »[127] ;

A côté de brèves sentences, il existe au Moyen Age des schémas indiquant l'ordre du développement de l'amour. Déjà à partir du commentaire de Donat sur l'*Eunuque* de Térence (IVᵉ siècle), on y distingue généralement cinq étapes (*lineae*) ou degrés (*gradi*) ou modes (*modi*) : la vue, la conversation, l'attouchement, le baiser et l'accouplement : « Quinque lineae sunt amoris, scilicet visus, allocutio, tactus, osculum sive suavium, coitus »[128].

Ce schéma va être repris, avec quelques variantes, par les troubadours et les auteurs des *Carmina Burana*[129] qui

[120]   *Ibidem*, p. 20.

[121]   Cf. J. Morawski, *Proverbes français antérieurs au XVᵉ siècle*, Paris 1925.

[122]   Cf. H. Walther, *Lateinische Sprichwörter und Sentenzen des Mittelalters*, Göttingen 1963.

[123]   Cf. S. Singer, *Sprichwörter des Mittelalters*, t. I-II, Bern 1946.

[124]   Proverbe cité dans André le Chapelain, *Traité de l'Amour Courtois, op. cit.*, p. 208, note 1.

[125]   *Ibidem*.

[126]   Cité dans H. Walther, *Lateinische Sprichwörter und Sentenzen des Mittelalters*, *op. cit.*, n° 19710.

[127]   Cité dans *ibidem*, n° 28704.

[128]   Donat, *Commentaire sur Térence*, IV, 2, 20.

[129]   Voir à ce propos, entre autres, E. R. Curtius, *La littérature européenne et le Moyen Age latin*, Paris 1956 ; M. Lazar, *Amour courtois et « fin'amors » dans la littérature du XIIᵉ siècle, op. cit.*

distinguent d'habitude cinq « stations » dans la vie amoureuse – telle la chanson 154 b (dans l'édition Hilka, München
1991), dont l'auteur précise :

> Est Amor alatus puer et levis, est pharetratus.
> Etas amentem probat et ratione carentem ;
> Vulnificus pharetra signatur, mobilis ala ;
> Nudus formatur, quia nil est, quo teneatur.
> Insipiens, fugitans, temeraria tela cruentans
> Mittit pentagonas nervo stridente sagittas,
> Quod sunt quinque modi, quibus associamur amori :
> Visus; colloquium; tactus; compar labiorum
> Nectaris alterni permixtio, commoda fini ;
> In lecto quintum tacite Venus exprimit actum.

Le fait de constater le succès du schéma nous autorise à le
placer parmi les *topoï* les plus courants de la littérature courtoise. Les romans de Chrétien de Troyes l'adoptent de façon
discrète ou bien latente : si la vue s'y montre toujours présente, d'autres étapes apparaissent de façon nettement moins
régulière.

***

Cette rapide présentation de la sensibilité littéraire manifestée à la question du regard dans l'époque contemporaine de
Chrétien de Troyes, permet de constater que le maître champenois, puisant aux sources de la tradition antique qui sont pour
le monde intellectuel du XIIe siècle des autorités évidentes,
non seulement il leur donne une forme nouvelle, mais arrive
en même temps à y mettre un contenu nouveau, en dépassant
ainsi les canons de son époque et ouvrant le passage vers le
romanesque. Il est un représentant, par excellence, de cette littérature qui, comme le dit Myrrha Lot-Borodine, « peut être

considérée comme l'héritière de l'Antiquité classique, qu'elle imite en apparence », mais, en même temps, « elle n'en reste pas moins profondément originale et se révèle à nous comme créatrice au premier chef »[130].

ℰ

[130] M. Lot-Borod ne, *De l'amour profane à l'amour sacré. Etude de psychologie sentimentale au Moyen Age, op. cit.*, pp. 13-14.

II. Le regard et la connaissance

Dans les romans de Chrétien de nombreuses découvertes que font les protagonistes passent par le regard des yeux ou celui du cœur pour atteindre la raison, la volonté ou bien la mémoire. L'aspect cognitif du regard s'y révèle comme un des plus importants : regarder et voir c'est d'abord découvrir, c'est ensuite concevoir et c'est, enfin, comprendre.

Le regard manifeste sa présence dans plusieurs scènes de la première rencontre qui influent le processus de la connaissance, mais aussi dans de nombreux épisodes qui suivent à ces premières rencontres. Les deux cas constituent l'intérêt du présent chapitre.

1. La première rencontre

Les héros des romans chrétienesques sont constamment en route. Cette habitude définit un des traits essentiels du roman courtois : une *queste* incessante des aventures, au service de la gloire et de l'amour. Comme le remarque Danielle Régnier-Bohler, « l'aventure, le départ pour une quête, est un élément si important qu'elle donne vie à la cour d'Arthur, qui meurt si une aventure n'y survient »[1]. En fait, si « l'axe des quêtes et la dynamique des aventures fournissent un répertoire infini des combinaisons narratives »[2], à la base de cette dynamique on retrouve la scène de la première rencontre. Celle-ci constitue l'un des plus importants *topoï* de la littérature médiévale, assimilés dans de nombreuses variantes par le roman courtois : le caractère « voyageur » de ce dernier, le type de chevalier allant au devant de l'aventure a permis de créer une « technique de surprise »[3], mise en œuvre par la quête qui abonde en rencontres toujours difficiles et nouvelles.

La première rencontre devient souvent la scène-clé à laquelle se raccroche la chaîne narrative du récit. Elle remplit le rôle de catalyseur, déclenche une réaction, provoque un état d'âme, fait naître un sentiment ou un geste. L'action qu'elle met en œuvre est différente de toute autre, car elle marque un commencement et détermine des choix qui importeront pour le destin des protagonistes.

La première rencontre contribue à la connaissance. Il arrive même qu'elle la conditionne : le héros courtois découvre le monde réel et l'Autre Monde à travers une série de rencontres uniques. Il est vrai que, parfois, cette connaissance se révèle éphémère : la rencontre sert alors uniquement à faire une découverte, à proposer un choix concret, à trouver une explication. Elle n'a pas de suite. Elle est la première, mais aussi la dernière rencontre. Dans certaines circonstances pourtant, elle se fait une initiation à une connaissance longue et approfondie. Ce type de situation a lieu surtout lors des rencontres qui font naître l'amour.

---

[1] D. Régnier-Bohler, « Préface », [à :] *Légende arthurienne*, Paris 1989, p. XXVII.

[2] *Ibidem*, p. XXIX.

[3] L'expression est due à M.-L. Chênerie (*Le chevalier errant dans les romans arthuriens en vers des XII⁰ et XIII⁰ siècles*, Genève 1986, p. 77).

Le nombre et la structure des scènes de la première rencontre dépendent de la composition du roman et de son message. Dans le roman courtois, leur fréquence d'emploi est impressionnante, non seulement en raison de sa trame riche en aventures de la quête, mais aussi de la place qu'y occupe l'amour. On retrouve dans ce type de roman deux facteurs constitutifs des scènes de la première rencontre : le regard et la parole et, par analogie, la vue et l'ouïe. Ils sont présents simultanément ou alternativement ; leur sens et leur portée non seulement ne s'excluent pas, mais le plus souvent se complètent. Pourtant, c'est le regard qui se trouve à la base de la majorité des premières rencontres marquant les étapes de la quête.

Dans les romans de Chrétien de Troyes, la scène de la première rencontre – à cause de sa fréquence d'emploi et de sa portée – semble être l'une des plus importantes. Sur le nombre de 316 rencontres décrites dans les cinq romans, il y en a 168 qui sont des scènes de la première rencontre. La majorité de ces dernières (101) sont des scènes de première vue. Les proportions citées se présentent de la façon suivante :

Roman	Nombre de scènes de la première rencontre	Regard absent	Regard présent
Erec et Enide	26 (100%)	3 (11,5%)	23 (88,5%)
Cligés	22 (100%)	12 (54,5%)	10 (45,5%)
Yvain	32 (100%)	12 (37,5%)	20 (62,5%)
Lancelot	36 (100%)	22 (61,1%)	14 (38,9%)
Perceval	52 (100%)	18 (34,6%)	34 (65,4%)
Total	168 (100%)	67 (39,9%)	101 (60,1%)

Le critère qui définit le champ de notre analyse est celui de la présence « réelle » du regard : nous avons pris en considération uniquement les scènes où le regard est nommé et non pas supposé. L'autre critère est celui du type des rencontres : il s'agit d'analyser uniquement des rencontres interhumaines. Ainsi, par exemple, la scène de la rencontre d'Yvain avec le lion[4], bien que symbolique et ayant des traits de rencontre humaine, a été omise.

Les fonctions diverses du regard dans les scènes analysées, ainsi que leurs proportions dans chacun des romans de Chrétien, peuvent être illustrées à l'aide d'un schéma qui embrasse trois fonctions du regard :

- celle du facteur de la narration (le regard dynamise l'action),
- celle du module du spectacle (le regard stimule le spectacle),
- celle du médiateur dans l'acte de la naissance de l'amour.

Dans la présente partie de ce travail, qui se réfère à la connaissance, nous n'allons pas considérer (sauf de les mentionner dans nos statistiques) les scènes de la première rencontre qui sont à l'origine de la naissance de l'amour. La troisième fonction distinguée dans notre schéma trouvera donc son développement dans le chapitre portant sur le regard et l'amour.

Pour relever les deux premières fonctions, nous avons adopté le critère de la durée de la scène et de ses conséquences immédiates. Parmi les premières rencontres qui stimulent le spectacle, nous avons compté celles où le regard devient prolongé, suspendu, comme immobilisé et permet au lecteur de contempler le spectacle qui s'offre aux yeux des protagonistes. En revanche, le regard facteur de la narration apparaît dans les scènes rapides, momentanées, qui déclenchent brusquement

---

[4]   Cf. *Chevalier au Lion*, vv. 3337-3381.

une aventure sans laisser trop de temps pour l'admiration ou pour l'étonnement.

Les proportions des fonctions distinguées du regard diffèrent selon les romans :

Roman	Regard présent	Fonction accomplie par le regard (fréquence d'emploi)		
		Facteur de la narration	Module du spectacle	Médiateur dans l'acte de la naissance de l'amour
Erec et Enide	23 (100%)	17 (73,9%)	4 (17,4%)	2 (8,7%)
Cligés	10 (100%)	4 (40,0%)	4 (40,0%)	2 (20,0%)
Yvain	20 (100%)	11 (55,0%)	8 (40,0%)	1 (5,0%)
Lancelot	14 (100%)	8 (57,1%)	6 (42,9%)	0 (0,0%)
Perceval	34 (100%)	20 (58,8%)	14 (1,2%)	0 (0,0%)
Total	101 (100%)	60 (59,5%)	36 (35,6%)	5 (4,9%)

Comme le démontre la statistique relevée, le caractère du roman semble déterminer la quantité et la qualité des scènes de la première rencontre.

1.1. Le regard facteur de la narration

Erec et Enide, le premier roman de Chrétien, abonde en scènes de rencontre : notre auteur veille à l'ordonnance de son œuvre, ménage une progression d'un épisode à l'autre. La narration s'y montre condensée et ce resserrement de l'action provoque la densité et l'accélération des aventures, de même que des rencontres dominées par les scènes de la première rencontre, ce qu'illustrent les résultats de nos analyses. C'est un roman dynamique, l'action y est riche, la vivacité y découle d'une habile présentation de la succession des aventures des protagonistes. Celles-ci, avant d'être racontées, sont surtout vues. La narration semble subordonner tout l'univers représenté au regard de ceux qui y participent. L'image et le regard deviennent donc les agents principaux des séquences narratives du texte.

Parmi les scènes de la première rencontre, il y en a une qui se prête particulièrement bien à illustrer le rôle narratif du regard : il s'agit de la rencontre de la reine Guenièvre, accompagnée de sa suivante et d'Erec, avec la pucelle menée par le nain[5]. La rencontre est d'abord préparée par le silence :

> [...] tant d'ax esloignié estoient
> cil qui le cerf levé avoient
> que d'ax ne pueent oïr rien,
> ne cor, ne chaceor, ne chien.
> Por orellier et escouter
> s'il orroient home parler
> ne cri de chien de nule part,
> tuit troi furent an un essart,
> anz en un chemin, aresté[6].

Ce silence, en contraste avec le vacarme de la scène précédente, annonce une aventure, un mystère. La parole, le son disparaissent. Soudain, une image se présente aux yeux des protagonistes et du lecteur :

---

5   Cf. *Erec et Enide*, vv. 125-233.
6   *Ibidem*, vv. 129-137.

[...] il **virent** un chevalier
venir armé sor un destrier,
l'escu au col, la lance el poing.
La reïne le **vit** de loing :
delez lui chevalchoit a destre
une pucele de bel estre ;
devant ax, sor un grant roncin,
venoit uns nains tot le chemin
et ot en sa main aportee
une corgiee an son noee[7].

La scène est pittoresque et mobile : les personnages inconnus progressent aussi bien dans l'espace que dans le temps[8]. Le chevalier, la pucelle et le nain **apparaissent**. Ils sont **vus** : leurs présence s'effectue par le regard. Le premier contact est réalisé : les observateurs et les observés se rencontrent. Pour le moment, c'est une rencontre lointaine – le narrateur précise : « La reine le **vit de loing** »[9]. Cette distance ne peut être franchie que par le regard.

L'image éveille la curiosité ; la reine veut savoir qui sont le chevalier et ses compagnons :

La reïne Guenievre **voit**
le chevalier bel et adroit,
et de sa pucele et de lui
vialt savoir qui il sont andui.
Sa pucele comande aller
isnelement a lui parler[10].

---

[7]   *Ibidem*, vv. 139-148. C'est moi qui distingue les termes se référant au domaine du regard avec des caractères gras. Ici et dans d'autres citations.

[8]   Il est significatif que dans la première partie de la scène (vv. 138-148) les verbes sont employés aux temps passés, tandis que dans la deuxième partie (vv. 149-233) – au temps présent.

[9]   *Ibidem*, v. 142.

[10] *Ibidem*, vv. 149-154.

Le texte suggère que la première connaissance, effectuée par le regard, devrait être approfondie par celle de la parole. En fait, le regard et la parole sont dans le roman courtois les deux moyens complémentaires de la connaissance ; la lecture d'*Erec et Enide* indique leur présence dans chacune des scènes de la première rencontre. Il arrive parfois que la parole précède la vue (vv. 4280-4312) ; cependant, dans la majorité des cas, le regard apparaît comme signe annonciateur de l'aventure, comme un antécédent complété par la parole.

Après la partie « introductive » de la scène qui fonctionne grâce au regard, vient la phase suivante – celle du dialogue. La parole devrait approfondir la connaissance mais, comme le nain défend l'accès au chevalier et à la pucelle, ni la suivante de la reine, ni Erec n'arrivent à parler au chevalier mystérieux. Le dialogue ne remplit pas son rôle cognitif.

La rencontre semble finir par les gestes – par des actions brutales et par l'éloignement du cortège étrange. En réalité, elle n'est pas terminée ; elle est suspendue et va continuer, en adoptant la forme d'une aventure qui ne tardera pas à venir.

Dans la scène analysée, c'est le regard qui conditionne la narration de la séquence. Remarquons que, dans la suite du roman, la reine Guenièvre, en racontant à la cour du roi Arthur son aventure, parle non du chevalier qu'elle avait rencontré, mais « del chevalier que armé vit »[11]. Le même schéma de la situation :

REGARD – DÉSIR DE CONNAÎTRE – PAROLE – GESTE (ACTION)

se répète dans onze scènes de la première rencontre, relatées dans *Erec et Enide*.

---

[11] *Ibidem*, v. 325.

Un autre schéma narratif apparaît dans les récits des deux premières aventures de la partie du roman consacrée à la quête errante d'Erec accompagné d'Enide[12]. Par rapport au schéma précédent, deux modifications s'effectuent :

- le désir de la connaissance disparaît parce que les situations sont maléfiques ;
- la parole transmet la connaissance sans l'approfondir.

Ainsi, le regard devient-il le seul moyen de la connaissance des personnes et des situations. De plus, l'introduction du motif des observateurs cachés et des observés inconscients fait croître l'intérêt dramatique des deux séquences.

Le rôle initiatique et annonciateur du regard est souvent accompagné de sa fonction de causalité dont témoigne la présence des constructions stylistiques de type :

Quant
Come   + proposition subordonnée (le verbe « voir »)
Por ce   + proposition principale
Ce que

Citons, à titre d'exemple, quelques passages :

De si loing **com** il venir **voient**
le chevalier qu'il conuissoient
son nain et sa pucele o soi,
ancontre lui vont troi et troi[13].

[...] quant ele le chevalier **voit**,
[...] un petit arriere s'estut[14].

---

12   Il s'agit de la rencontre des époux avec les trois brigands (vv. 2791-2911) et ensuite de celle avec les cinq brigands (vv. 2921-3071).
13   Cf. *ibidem*, vv. 361-364.
14   *Ibidem*, vv. 443-445.

Ils démontrent à quel point le regard détermine les raisons d'agir de certains protagonistes.

Cligés, le deuxième roman de Chrétien, contient un nombre de scènes de la première rencontre beaucoup plus réduit : sur un total de 22 scènes, il n'y en a que 10 (45,5%) où le regard est présent. La fonction narrative de celui-ci se laisse découvrir dans 4 scènes (40%).

Plus statique et plus psychologique que les autres romans, *Cligés* « accuse un sensible changement d'esprit et de manière par rapport à *Erec et Enide*. C'est l'œuvre de Chrétien la plus concertée, la plus cérébrale et théorique »[15]. Alexandre et Soredamor, de même que Cligés et Fénice, vivent dans un monde fermé auquel peu de personnes ont accès : les nouvelles rencontres deviennent rares et leur caractère change. Même si, comme le remarque Alexandre Micha, l'auteur « reste ici, malgré quelques maladresses, l'habile narrateur qui s'est fait connaître dans *Erec* » et si « le récit se recommande par une grande aisance et un perpétuel souci de variété »[16], l'action du roman est moins développée. De même, sauf les protagonistes, les personnages se montrent moins individualisés : loin de devenir les co-héros des aventures, ils ne sont que messagers, envoyés, serviteurs. Ainsi la rareté, la discrétion, la sobriété des relations, l'anonymat des scènes de la première rencontre modifient leur caractère.

La diminution de la quantité des scènes de la première rencontre avec participation du regard ne signifie pourtant pas que leur qualité se détériore. La présence du regard y est réservée pour les rencontres de première importance : celle d'Alexandre et de ses compagnons avec le roi Arthur[17], celle d'Alexandre avec

---

[15] J. Frappier, *Chrétien de Troyes, l'homme et l'œuvre, op. cit.*, p. 106.

[16] A. Micha, « Introduction », [à :] *Cligés*, p. XV.

[17] Cf. *Cligés*, vv. 300-335.

Soredamor[18], celle de Cligés avec Fénice[19], celle, enfin, de Cligés, accompagné de ses amis, avec Arthur[20]. De plus, la fonction narrative du regard s'enrichit d'une dimension symbolique. En comparant deux épisodes de la guerre menée par Arthur contre Angrès[21], nous constatons que la présence du regard dans l'un d'eux le dote de conséquences non seulement narratives :

Première chevalerie d'Alexandre	L'attaque des rebelles contre les troupes royales
El gué a un frois tuit s'esleissent ; et cil de la les lances beissent, ses vont isnelemant ferir ; mes cil lor sorent bien merir, qui nes espargnent ne refusent, ne por aus plain pié ne reüsent, einz fiert chascuns si bien le suen qu'ainz n'i a chevalier si buen n'estuisse vuidier les arçons*.	Cele nuit estoile ne lune N'orent lor rais el ciel mostrez, Mes ainz qu'il venissent as trez, Comança la lune a lever ; [...] Et Dex, qui nuire lor voloit, Enlumina la nuit oscure [...] Molt lor est la lune nuisanz, Qui luist sor les escuz luisanz, Et li hiaume molt lor renuisent, Qui contre la lune reluisent : Car les eschargaites les **voient**, Qui l'ost eschargaitier devoient, Si s'escrïent par tote l'ost : « Sus, chevalier, sus, levez tost! »**

*   *Cligés*, vv. 1307-1315.
** *Ibidem*, vv. 1672-1694.

---

[18] Cf. *ibidem*, vv. 435-469.
[19] Cf. *ibidem*, vv. 2706-2720, 2753-2778.
[20] Cf. *ibidem*, vv. 4614-4621.
[21] Il s'agit de la scène de la première chevalerie d'Alexandre (vv. 1301-1336) et de celle qui décrit la ruse des rebelles attaquant, la nuit, les troupes royales (vv. 1672-1777).

Comparons :

Première chevalerie d'Alexandre	L'attaque des rebelles contre les troupes royales
– Le regard est absent. La scène est rapide : le passage du gué se fait rapidement, la lutte commence sans tarder.	– Le regard est présent. Il dévoile la ruse. Le fait d'apercevoir les rebelles est le signe pour la contre-attaque des troupes royales. Le regard est salvateur. La vision, possible grâce à l'intervention de Dieu, prend la dimension symbolique : elle permet la victoire sur le mal.

Dans trois autres scènes de la première rencontre, le regard joue le rôle d'un simple facteur de la narration :

Quant Cligés le **voit** seul venir,
Qui ainz ne vost apartenir
A recreant ne a failli,
De parole l'a assailli[22].

Tot maintenant que il les **vit**
S'esleisse aprés ces, qui le **voient**
Venir ; [...][23]

Dans *Lancelot*, les scènes de la première rencontre sont nombreuses. Cependant, proportionnellement, le rôle du regard diminue : sur 36 scènes, dans 22 (61,1%) d'entre elles le regard est absent.

Lancelot est un roman à composition variée, riche d'un grand nombre d'épisodes et de personnages. Cependant, les aventures

---

[22]   *Ibidem*, vv. 3435-3438.
[23]   *Ibidem*, vv. 3626-3628.

sont présentées rapidement, comme pour souligner la hâte de l'amant de retrouver la reine. Contrairement aux quêtes d'Erec et d'Yvain, celle de Lancelot a un but concret, défini d'avance : celui de libérer la reine. Toutes les aventures lui sont subordonnées. Dans *Erec et Enide*, toutes les premières rencontres étaient préparées dans la narration par l'esquisse du cadre, des circonstances de l'événement. D'habitude, elles se déroulaient suivant le même schéma :

APERÇU (RÉCIPROQUE OU NON RÉCIPROQUE)
LOINTAIN (REGARD) – OBSERVATION (REGARD) –
APPROCHE (MOUVEMENT) – DIALOGUE (PAROLE)
ou ACTION (GESTE).

Dans *Lancelot*, les deux premières parties du schéma sont souvent réduites ou même éliminées ; le verbe *veoir* y est remplacé par les verbes : *trova, encontra, se mervoilla, oï*. Sans s'attarder à observer, à considérer, à contempler, le narrateur passe à l'étape suivante de l'événement :

Et lors **ont** en un quarrefor
Une dameisele **trovee**,
Si l'ont anbedui saluee,
Et chascuns li requiert et prie,
S'ele le set, qu'ele lor die
Ou la reïne an est menee[24].

Tant que de bas vespre **trova**
Une dameisele venant
Molt tres bele et molt avenant,
Bien acesmee et bien vestue.
La dameisele le salue
Come sage et bien afeitiee,
Et cil respont : [...][25]

---

24 *Chevalier de la Charrete*, vv. 606-611.
25 *Ibidem*, vv. 932-938.

Vers none un home **trové ont**
Qui lor demande qui il sont,
Et il dient : [...]²⁶

Malgré ces modifications, le regard reste toujours actif au
niveau de la narration :

Ne tarda gaires quant il **voit**
Venir un chevalier le pas [...]²⁷

La dameisele maintenant
De si loing com ele le **vit**
L'a coneü et si a dit [...]²⁸

Einçois que il venissent pres,
Cil qui sor la bretesche fu
Les **voit** et crie a grant vertu [...]²⁹

Une scène mérite une attention particulière (vv. 730-773) :
le regard y est présent mais c'est un regard animal :

Li chevax **voit** et bel et cler
Le gué qui molt grant soif avoit,
Vers l'eve cort quant il la **voit**³⁰.

Puisque Lancelot est pris par ses pensées au point de n'apercevoir ni entendre personne (« A cele seule panse tant / Qu'il
n'ot ne **voit** ne rien n'antant »³¹), il se laisse conduire par son
destrier vers le Gué défendu. Une telle situation introduit, d'un
côté, l'élément d'humour, d'autre part, elle signale le caractère
exceptionnel de l'amour de Lancelot pour la reine. La rencontre de Lancelot avec le défenseur du Gué s'effectue, dans sa

---

²⁶ *Ibidem*, vv. 2257-2259.

²⁷ *Ibidem*, vv. 270-271.

²⁸ *Ibidem*, vv. 1510-1512.

²⁹ *Ibidem*, vv. 2202-2204.

³⁰ *Ibidem*, vv. 738-740.

³¹ *Ibidem*, vv. 723-724.

première phase, pratiquement sans participation consciente de Lancelot. Il reprend sa conscience au contact de l'eau, après avoir reçu un coup : la conscience revient à sa place, la connaissance devient claire, puisque les yeux et les oreilles reprennent leurs fonctions :

Ausi come cil qui s'esvoille,
S'ot et si **voit** et se mervoille
Qui puet estre qui l'a feru[32].

La scène nous oriente vers la dimension intérieure du regard qui sera analysée dans le chapitre portant sur le double regard : celui des yeux et celui du cœur.

Dans l'*Yvain*, sur 32 scènes de la première rencontre, dans 20 (62,5%) le regard se montre présent. Il y est employé comme moyen de la technique narrative. L'auteur introduit cependant certaines innovations. La première consiste en l'emploi du récit anticipé des aventures du protagoniste (le récit de Calogrenant, vv. 173-580).

La comparaison des rencontres qui marquent les étapes du chemin de Calogrenant (Ière rencontre : avec le vavasseur et sa fille : vv. 209-231 ; IIe rencontre : avec le gardien des taureaux sauvages : vv. 286-326) avec les rencontres d'Yvain, s'effectuant sur le même chemin (Ière rencontre : vv. 777-784 ; IIe rencontre : vv. 793-795), permet de constater les avantages qu'offre à l'auteur un tel procédé narratif. Dans les deux récits le regard est actif. Dans le premier, il joue le rôle d'un module du spectacle : il introduit l'image ou bien la développe ; dans le deuxième – il remplit uniquement la fonction du facteur narratif : il ne fait qu'ouvrir la séquence. Le dépouillement du regard rend ainsi la narration plus dynamique. Nous pouvons donc constater qu'il existe un lien entre l'emploi du regard dans sa fonction narrative et le style du roman.

---

[32] *Ibidem*, vv. 769-771.

La deuxième innovation consiste à introduire le médiateur qui intervient dans la rencontre : jusqu'à maintenant les premières rencontres étaient directes, tout comme le regard qui les accompagnait. C'est le héros qui regardait, qui voyait ou bien qui était regardé ou était vu. Dans l'*Yvain*, l'auteur recourt à la médiation de la troisième personne :

> Que qu'il l'aparloient ensi
> Lunete del mostier issi ;
> si li dïent : « Veez la la ».
> Et cele ancontre li ala.
> Si se sont antresalüees ;
> tantost a cele demandees
> les noveles qu'ele queroit[33].

La présence de la troisième personne est justifiée par sa fonction informatrice : sans les explications des *premerains* rencontrés près du monastère, la fille cadette du seigneur de la Noire-Epine n'aurait pas pu reconnaître Lunette.

Le dernier roman, *Perceval*, se distingue des romans précédents non seulement par sa longueur, mais aussi par son caractère et par un autre type de héros, car « la quête de la femme et de l'aventure, le désir de concilier l'amour et la prouesse cèdent ici la place à une image autre de la chevalerie, tout imprégnée de spiritualité »[34]. Erich Köhler expliquera ce caractère du roman par la fusion de l'idéal monastique de contemplation et d'ascèse avec l'idée purifiée de la chevalerie activiste, tellement caractéristique pour la fin du XIIe siècle et qui « est à l'origine de l'idée élevée que Chrétien de Troyes se fait de la mission universelle de la chevalerie »[35].

---

[33] *Chevalier au Lion*, vv. 4957-4963.

[34] D. Régnier-Bohler, Introduction à *Perceval le Gallois*, [dans :] *La Légende arthurienne*, *op. cit.*, p. 4.

[35] E. Köhler, *L'aventure chevaleresque : idéal et réalité dans le roman courtois, études sur la forme des plus anciens poèmes d'Arthur et du Graal*, *op. cit.*, pp. 75-76.

Une autre modification s'opère au niveau de la composition du roman – celle qui consiste à introduire des récits parallèles et l'entrelacement : après le vers 4716, ce n'est plus le conte des aventures de Perceval, mais de celles de Gauvain. Cette dualité de l'action (qui n'était pourtant étrangère ni au roman de *Lancelot* ni à celui d'*Yvain*), prend dans le *Conte du Graal* des proportions toutes différentes.

Suivant leurs destinées et les quêtes entreprises, Perceval et Gauvain rencontrent des aventures et des personnes dont la symbolique diffère : le caractère des rencontres s'y trouve subordonné au type de protagoniste.

Sur le nombre total de 52 premières rencontres, le regard est présent dans 34 (65,4%) ; dans 20 (58,8%) d'entre elles, il remplit le rôle du modificateur de la narration. Au niveau de ces dernières, l'auteur introduit certaines innovations :

1. On observe le développement du cadre de la première rencontre : les descriptions de la nature, du paysage, du temps, précèdent le moment exact de la rencontre. L'effet du contraste obtenu par la confrontation du caractère dynamique de l'aventure avec un cadre tranquille, fait croître l'intérêt dramatique de la scène. Cette remarque concerne surtout les premières aventures de Perceval (vv. 67-154, 602-646).

2. La durée du moment même de la première rencontre est raccourcie.

3. Dans plusieurs scènes, l'auteur engage une troisième personne qui devient médiateur dans la rencontre des protagonistes. Ce procédé permet de varier le schéma de la construction ainsi que d'introduire des explications supplémentaires ou même des digressions.

4. Parfois, le récit de la rencontre remplace la rencontre même, ce qui fait accélérer la narration.

5. Dans certaines scènes, Chrétien reprend le schéma de la connaissance que nous avons présenté à propos du roman d'*Erec et Enide* en l'enrichissant de l'ouïe et en insistant sur les deux phases principales, marquées par le regard et par la parole :

   Ière phase : « Li vaslez **ot** et ne **voit** pas / ces qui vienent plus que le pas »[36] ;

   IIe phase : « Et quant il les **vit** en apert, / [...] se li fu mout et bel et gent »[37] ;

   IIIe phase : « Lor **dist** : [...] »[38].

A entendre ceux qui approchent, Perceval pense avoir affaire aux diables; à les voir – il les prend pour les anges; à leur parler – il apprend qu'ils sont chevaliers. Parmi les trois moyens de la connaissance, c'est la parole qui se révèle la plus efficace. La vue s'y montre insuffisante[39]. Nous reviendrons à ce type de situation dans le chapitre consacré à la fausse connaissance.

6. Une des scènes de la première rencontre (vv. 1032-1041, 1056-1060) introduit un élément prophétique. L'évocation de cette prophétie dans la suite du roman (vv. 2862-2869, 4054-4058, 4572-4577) fortifiera la cohérence de l'œuvre et l'enrichira d'un sens symbolique.

---

[36] *Erec et Enide*, vv. 111-112.

[37] *Ibidem*, vv. 127-134.

[38] *Ibidem*, v. 135.

[39] Le même type de situation apparaît dans la scène de la rencontre de Perceval avec la Demoiselle de la Tente (vv. 633-674) : à voir une tente richement ornée, Perceval la prend pour la demeure de Dieu. Dans les deux situations, la méprise de Perceval pourrait s'expliquer par son ignorance, causée par sa vie isolée dans la *Gaste Forest*.

**

A la lumière des analyses effectuées, nous pouvons constater que dans tous les romans de Chrétien le regard remplit le rôle annonciateur et initiatique des séquences narratives, dynamise l'action, provoque l'accroissement de l'intérêt dramatique, remplit la fonction de causalité par rapport aux actions effectuées dans le cadre des premières rencontres, remplit la fonction cognitive, influence le style et la composition du roman. Dans certains cas, il peut adopter une dimension symbolique (*Cligés*, *Perceval*) et modifier ainsi la forme de la connaissance.

1.2. Le regard – module du spectacle

La première rencontre devient parfois dans les romans chrétienesques une occasion pour présenter de façon détaillée des personnages, des lieux ou des circonstances : le regard se fait alors témoin de tout un spectacle.

Ce caractère spectaculaire se montre typique pour l'ensemble de la littérature romanesque médiévale dont l'univers représenté, comme le signale Antoni Bartosz, « émerge tout d'abord dans et à travers les yeux des actants. On serait même tenté de dire que c'est leur perception qui les fait exister »[40]. D'autre part, la présence des témoins des exploits est un élément obligatoire du roman, surtout du roman courtois où le héros part à la recherche des aventures pour son propre perfectionnement,

---

[40]   A. Bartosz, *Le sens et la représentation du geste dans le roman français des XII* et *XIII* siècles, op. cit.*, p. 60.

pour mériter la récompense de la dame de son cœur, mais aussi pour être admiré d'un large public.

Dans les romans chrétienesques bien des scènes se déroulent en présence des observateurs[41]. Le regard s'y fait alors prolongé, l'action ralentit. Avec les yeux des autres, le destinataire du texte devient l'assistant d'une représentation pittoresque. Il est, d'ailleurs, intéressant de constater que les spectacles chez Chrétien ne sont jamais « gratuits », purement esthétiques : ils provoquent une réaction, informent sur une coutume, font concentrer l'attention du protagoniste et du lecteur sur un aspect particulier de l'événement, sur une qualité ou un défaut de la personne décrite.

Dans *Erec et Enide*, le spectacle apparaît dans le cadre de la première rencontre (et de la rencontre non amoureuse !) quatre fois (17,4 % des scènes de première rencontre dans ce roman). Il s'agit des épisodes suivants :

- vv. 1523-1661 : la présentation d'Enide à la cour du roi Arthur[42] ;
- vv. 2314-2396 : l'arrivée d'Enide à la cour du roi Lac ;
- vv. 5445-5498 : la traversée du royaume d'Evrain par Erec et Enide ;
- vv. 5689-5741 : la description du verger de la Joie de la Cour.

La longueur même des citations suggère le caractère plus développé de ces scènes de la première rencontre où le regard remplit le rôle du module du spectacle.

Contrairement aux épisodes où le regard était facteur de la narration et se situait, d'habitude, au début du fragment en cours,

---

[41]   C'est surtout le cas des scènes de combat et de tournois.

[42]   Sur les détails de cette description, on peut consulter J. le Goff, *L'imaginaire mé-diéval*, Paris 1985, pp. 188-207.

dans les scènes du spectacle il revient à travers tout un passage concerné, en maintenant et en renforçant par sa présence l'aspect visuel du récit. Ce regard n'est cependant pas un regard qui fait progresser l'action : il se montre plus statique et, tout comme une caméra, il enregistre chaque détail du spectacle. C'est l'une de ces descriptions « où se plaît l'auteur [et qui] sont bien faites pour séduire un milieu courtois non encore blasé »[43].

L'optique du regard dans les quatre scènes du spectacle varie : trois fois Erec et Enide sont l'objet du regard, une fois Erec devient l'observateur. Dans les trois scènes où les protagonistes sont observés, le spectacle devient plus esthétique : la description porte sur la beauté et sur la courtoisie d'Erec ou Enide (vv. 1523-1661 ; vv. 2314-2396 ; vv. 5445-5498). Par contre, là où Erec est observateur, le spectacle fait découvrir les choses qui n'ont rien à voir avec la beauté :

> [...] mes une grant mervoille voit
> qui poïst faire grant peor
> au plus riche conbateor,
> [...] devant ax sor pex aguz
> avoit hiaumes luisanz et clers,
> et voit de desoz les cerclers
> paroir testes desoz chascun[44].

Cette différence semble résulter de la conception même du roman courtois et du héros courtois : celui-ci est fait pour être regardé, pour être admiré, surtout pour sa beauté. D'autre part, il est fait pour confirmer sa prouesse : il est donc naturel que son regard se porte vers une merveille attirante bien que, parfois, effrayante.

Dans *Cligés*, les scènes renvoyant au spectacle occupent 40% des scènes de première vue et remplissent la même fonction

---

[43] P. Zumthor, *Essai de poétique médiévale*, Paris 1972, p. 479.
[44] *Erec et Enide*, vv. 5724-5733.

textuelle que dans *Erec et Enide* : elles coupent la rapidité habituelle et la mobilité générale du récit romanesque[45].

Un épisode y mérite une attention particulière : la première journée du tournoi d'Osenefort (vv. 4614-4650) auquel participe Cligés. La situation est singulière, car le moment même d'apercevoir est précédé par une longue « introduction » qui décrit les préparatifs de Cligés au tournoi. Le verbe « voir » y apparaît une seule fois[46].

Le regard signalé ainsi par le narrateur est un regard non-individualisé, un regard collectif qui – par son caractère général et admiratif – valorise le protagoniste. Bien que l'idée même du spectacle soit un stéréotype, sa réalisation du point de vue de la technique de la communication visuelle est propre à Chrétien : le regard – bien que discret et complexe (le regard du narrateur et celui du public s'y fusionnent) – est présent sans gêner la dynamique de la narration. Le spectacle prépare la narration et en même temps l'assimile.

L'absence du regard du protagoniste dans cette scène de la première rencontre indique le caractère moins individualisé de telles scènes par rapport à celles de la première rencontre où le regard se montre dans sa fonction du facteur de la narration. Ces dernières présentaient, d'habitude, le regard du héros équivalant et même anticipant le regard du narrateur.

Le roman de *Lancelot* (où le spectacle occupe 42,9% des scènes analysées), ajoute aux aspects du regard-module du spectacle, distingués dans deux romans précédants, certaines nuances. Citons à ce propos deux scènes :

– l'arrivée de Lancelot, accompagné de l'Hôtesse amou-

---

[45] Cf. P. Zumthor, *Essai de poétique médiévale, op. cit.*, p. 346.

[46] Cf. *Cligés*, vv. 4620-4621 : « Mes n'i a un seul qui le **voie**, / qui ne dïent l'uns d'ax a l'autre... ».

reuse et du chevalier amoureux de la jeune fille, dans le Pré aux jeux (vv. 1634-1659), où la scène devient l'occasion d'une habile présentation des coutumes de l'époque ;
- le passage du Pont de l'Epée par Lancelot (vv. 3094-3157).

Le spectacle est, en fait, une digression détachée de la narration : son rôle n'est pas celui de faire progresser l'action, mais d'informer le lecteur sur quelques coutumes qui marquent par leur présence l'univers représenté. C'est comme pour souligner ce rôle digressif du texte que l'auteur semble éviter le regard du protagoniste pour le remplacer par celui du narrateur. Contrairement à la scène du tournoi d'Osenefort où l'auteur a introduit le regard collectif du public du tournoi, dans le passage du Pré aux jeux, le regard est un regard solitaire et interne par rapport à l'image observée, car il appartient à un vieillard de la société décrite :

Uns chevaliers auques d'ahé
estoit de l'autre part del pré
sor un cheval d'Espaigne sor ;
s'avoit lorain et sele d'or
et s'estoit de chienes meslez.
Une main a l'un de ses lez
avoit par contenance mise ;
por le bel tans ert an chemise,
s'esgardoit les geus et les baules[47].

L'apparition de Lancelot suscite une vive réaction – il est considéré comme intrus dans ce monde qui semble harmonieux. Remarquons que c'est le regard du vieux chevalier qui enregistre comme premier la nouvelle rencontre. Ce détail semble souligner l'aliénation de Lancelot et le caractère « ornemental » de la scène.

---

[47]   *Chevalier de la Charrete*, vv. 1649-1657.

La scène de la première rencontre du roi Bademagu avec
Lancelot révèle une singularité de construction : le vieux roi
admire de la fenêtre de son château le spectacle du courage
qu'est le passage du Pont de l'Epée par un chevalier inconnu :

> Apoiez a une fenestre,
> s'estoit li rois Bademaguz
> qui molt ert soutix et aguz
> a tote enor et a tot bien,
> et lëauté sor tote rien
> voloit par tot garder et faire ;
> et ses filz, qui tot le contraire
> a son pooir toz jorz feisoit,
> car n'onques de feire vilenie
> et traïson et felenie
> ne fu lassez ne enuiez,
> s'estoit delez lui apoiez ;
> s'orent veü des la a mont
> le chevalier passer le pont
> a grant poinne et a grant dolor[48].

La scène possède une structure complexe : le récit du narrateur (où le regard est absent) qui relate le passage du Pont[49]
précède dans le texte l'évocation même de l'aspect spectaculaire de ce passage. Cet aspect est réalisé avec le regard du roi
Bademagu. Nous avons ainsi à faire à un singulier procédé :
le récit du narrateur se reflète dans les yeux d'un personnage
romanesque. Le regard résume le récit.

L'analyse du roman d'*Yvain* révèle un autre aspect du regard-module du spectacle (qui se manifeste dans 40% des
scènes analysées) – complémentaire à la fonction narrative
du regard. Les scènes de la première rencontre – de grande importance pour l'action du roman et conçues comme

---

[48] *Ibidem*, vv. 3142-3157.

[49] Cf. *ibidem*, vv. 3094-3116.

spectacle[50] – ne sont plus des descriptions esthétiques. Elles sont liées directement à la personne et au regard du protagoniste ; leur lien avec le récit de la quête est ainsi plus étroit. De plus, le caractère développé de la description valorise la rencontre : le prolongement visuel de la scène correspond à son importance pour la suite du roman.

Dans d'autres scènes de la première rencontre, qualifiées comme spectacles, le regard remplit un rôle cognitif : en manifestant plusieurs fois sa présence, il fait construire une image plus détaillée de la rencontre.

Dans les scènes du spectacle, le regard permet d'apprécier la beauté et d'autres qualités des protagonistes. Il peut parfois dévoiler un spectacle funeste, tel celui de la première rencontre d'Yvain avec les demoiselles emprisonnées dans le Château *de Pesme Aventure* :

Et par entre les pex leanz
vit puceles jusqu'à trois cenz
qui diverses oevres feisoient
[...]
Il les voit, et eles le voient,
si s'anbrunchent
[...]
Qant un po les ot regardees
mes sire Yvains, si se trestorne,
droit vers la porte s'an retorne[51].

La rencontre s'y transforme en un échange émouvant de regards. Une telle réduction de la scène crée l'ambiance du mystère et renforce l'intérêt dramatique de la situation.

---

[50] Cf. l'épisode de la rencontre d'Yvain avec les pucelles du Château de la Pire Aventure (vv. 5182-5210) et celui de la rencontre d'Yvain avec le seigneur de ce château et sa fille (vv. 5354-5397).

[51] *Chevalier au Lion*, vv. 5187-5208.

Deux scènes-spectacles procurent, par contre, une connaissance superficielle : la rencontre de Calogrenant avec le gardien des taureaux sauvages (vv. 286-326) et celle d'Yvain avec les propriétaires du Château de la Pire Aventure (vv. 5354-5397) :

– la rencontre de Calogrenant avec le gardien des taureaux devient une occasion pour présenter l'infériorité des « vilains » par rapport aux « courtois ». « Uns vileins, qui resanbloit Mor » (v. 286) est présenté comme créature presque non humaine. Pourtant, cette fois-ci, le regard ne procure pas une connaissance exacte : le vilain, bien que laid, n'est pas un être maléfique. Au contraire, il rend un service à Calogrenant en lui indiquant le chemin de la Fontaine Merveilleuse de Barenton. Rappelons que cette description étrange du vilain se prête, depuis longtemps, aux interprétations diverses. D'une part, il se peut que l'auteur, en recourant aux « recettes scolaires qui permettent d'évoquer la laideur idéale »[52], cherche à protester « contre le mépris peu évangélique qui frappe le paysan »[53]. D'autre part, on ne peut pas exclure que « c'est un trait de plus décoché contre lui, une raillerie envers sa balourdise ou une prétention d'une outrecuidance risible »[54] ;

– la rencontre d'Yvain avec le maître du Château de la Pire Aventure et sa famille illustre le même type de situation et de connaissance. Bien que beaux et courtois d'apparence, les propriétaires du château sont en réalité des personnages anti-courtois, car exploiteurs des pucelles emprisonnées.

---

[52] P.-Y. Badel, *Introduction à la vie littéraire, op. cit.*, pp. 102-103.

[53] *Ibidem*, p. 103.

[54] *Ibidem*.

Les deux exemples témoignent des limitations de la connaissance procurée par le regard, même prolongé, dans les scènes des premières rencontres qui deviennent le spectacle.

Dans le *Conte du Graal*, les épisodes qui contiennent le motif du regard doté de la fonction du module du spectacle, sont nombreuses. Ce nombre considérable de scènes (41,2%), présentées en alternance avec les aventures qui se succèdent à un rythme rapide, assure à l'œuvre un équilibre particulier. Perceval et – dans la deuxième partie – Gauvain ne cessent de se déplacer ; les étapes de leurs quêtes se succèdent rapidement. Les spectacles que le regard ouvre font ralentir la hâte des quêteurs, deviennent des moments de repos, de réflexion, du plaisir esthétique ou de l'effet anti-esthétique, mais aussi de la connaissance approfondie, de la contemplation.

Une scène mérite une attention particulière : celle du cortège du graal[55]. Le regard de Perceval, qui nous fait suivre un étrange cortège, est prolongé, mais pas assez profond pour scruter le mystère du graal. Il se révèle d'ailleurs imparfait, puisque – comme le fait comprendre la suite du roman –, c'est la parole qui a manqué à Perceval pour résoudre le mystère du roi Pêcheur. Pourtant, l'image saisie grâce au regard fascinera le jeune Gallois et l'encouragera à entreprendre la quête du graal et de la lance qui saigne.

***

Dans tous les textes analysés le regard ouvre et accompagne le spectacle contenu dans de nombreuses scènes de la première rencontre, en provoquant le ralentissement du rythme de la narration. Il devient souvent prolongé, et souligne ainsi l'importance, la qualité de la personne, de l'objet ou de la

---

55   Cf. *Conte du Graal*, t. I, vv. 3128-3185.

situation présentés. Il crée l'ambiance du mystère et, parfois, de la contemplation. Il apporte une connaissance des acteurs et des circonstances des premières rencontres.

D'autre part, le nombre, la qualité et le type de spectacles restent liés à la spécificité du texte romanesque. Par exemple, les spectacles courtois – tellement développés dans les quatre premiers romans – dans le *Conte du Graal* soit sont réduits, soit disparaissent. Suivant le caractère du texte, le spectacle peut illustrer les valeurs louées par le romancier.

2. Une double connaissance : le regard des yeux et le regard du cœur

Le regard apparaît dans les romans de Chrétien comme un des moyens de la connaissance. Cette fonction se manifeste d'abord au niveau des scènes de rencontres. Chaque rencontre relatée dans les textes débute par la rencontre des yeux : le regard constitue le point de départ de l'aventure, de l'amour mais aussi de la sagesse. Les héros progressent ensuite dans la connaissance – non seulement par le nombre de nouvelles rencontres mais surtout par l'approfondissement du regard ; le regard des yeux se fait alors accompagner de celui du cœur.

Ces transformations et dualité du regard ont constitué l'objet de nombreuses recherches littéraires aboutissant à des conclusions différentes. Jean Frappier et Guido Favati voient dans ce procédé une continuation originale de la pensée ovidienne et platonicienne[56] ; Brian Woledge le qualifie d'une

---

[56] Cf. J. Frappier, « Variations sur le thème du miroir, de Bernard de Ventadour à Maurice Scève », [dans :] *Cahiers de l'Association Internationale des Etudes Françaises* 1959, n° 11, pp. 137-138 ; G. Favati, « Una traccia di cultura

simple adaptation de l'idée ovidienne, privée d'ailleurs d'originalité[57], tandis que John Bednar présente le regard comme la cause d'un désordre destructif, du déséquilibre intérieur, comme facteur déclenchant les événements qui mènent à la chute, et le lien même entre les yeux et le cœur – comme celui de fatalité, causant le drame des protagonistes[58].

Faut-il voir, en effet, dans les yeux un organe coupable, procurant une mauvaise (car s'arrêtant sur les apparences) vision-source d'un désordre intérieur et de la dégradation de l'homme? Ou plutôt, faut-il les considérer comme l'organe qui conditionne une vision réelle ?

Le problème signalé constitue l'objet de l'analyse du présent chapitre : elle se propose d'étudier la dualité du regard dans les cinq romans de Chrétien, d'établir des rapports éventuels entre le regard des yeux et celui du cœur, enfin d'en examiner les modes d'existence, les origines et les conséquences.

2.1. Jeux du miroir

Le rapport entre les yeux et le cœur, ainsi que celui qui se laisse découvrir entre leurs actions, ont été rendus par Chrétien à l'aide de deux symboles : celui du miroir et celui de la verrière. Entre les deux, la préférence de l'auteur s'oriente vers le symbole du miroir.

---

neoplatonica in Chrétien de Troyes : Il tema degli occhi come specchio (*Cligés*, vv. 692-749) », *op. cit.*, pp. 3-6.

[57] Cf. B. Woledge, *Commentaire sur Yvain (Le Chevalier au Lion) de Chrétien de Troyes*, t. I, vv. 1-3411, Genève 1986, pp. 3-6.

[58] Cf. J. Bednar, *La spiritualité et le symbolisme dans les œuvres de Chrétien de Troyes*, *op. cit.*.

L'idée de celui-ci aparaît déjà dans *Erec et Enide*, dans deux épisodes, fort emblématiques du roman :

1. L'auteur, s'émerveillant de la beauté d'Enide, présente la jeune fille comme l'incarnation même de cette beauté :

> Que diroie de sa **biauté** ?
> Ce fu cele por verité
> qui fu fete por **esgarder**,
> qu'an se poïst an li **mirer**
> ausi com an un **mireor**[59].

2. Enide, pleurant Erec qu'elle croit mort, évoque la beauté de son bien-aimé : « an toi s'estoit biautez **miree** »[60].

Remarquons qu'il ne s'agit pas encore du miroir des yeux mais du miroir que constitue la beauté de la personne toute entière. Les amants eux-mêmes deviennent images : « onques deus si beles ymages / n'asanbla lois ne mariages »[61].

Cette idée de la beauté faite pour être regardée et admirée semble une réminiscence lointaine de l'idéalisme platonicien[62].

---

[59] *Erec et Enide*, vv. 437-441.

[60] *Ibidem*, v. 4601.

[61] *Ibidem*, vv. 1495-1496.

[62] Voir à ce propos l'opinion de J. Frappier : « Quand Enide se lamente sur Erec évanoui, qu'elle croit mort, et qu'elle lui dit, en prononçant sa louange et son 'regret' : 'An toi s'estoit biautez miree', elle signifie aussi, ou Chrétien de Troyes par sa bouche, que l'idée, l'archétype de la Beauté avait pris corps en lui. L'idéalisme platonicien persiste dans cette expression. L'apparence terrestre d'Erec répond à une éternelle vérité. De même que dans la caverne de Platon les ombres des réalités se dessinent sur la paroi, le miroir saisit le reflet de célestes abstractions » (J. Frappier, « Variations sur le thème du miroir, de Bernard de Ventadour à Maurice Scève », *op. cit.*, p. 137).

Dans les passages cités, le miroir est une image statique, fixée, qui ne fait que refléter. Le regard reste encore très discret. L'auteur ne parle pas explicitement du regard des yeux. Il ne parle pas non plus du regard du cœur. C'est dans la suite du récit que l'action des yeux se manifeste plus clairement. Durant le voyage vers la cour d'Arthur, Erec n'arrive pas à détacher sa vue d'Enide :

De l'**esgarder** ne puet preu faire :
quant plus l'**esgarde** et plus li plest, [...]
an li **esgarder** se refet ;
molt **remire** son chief le blont,
ses **ialz** rianz et son cler front,
le nes et la face et la boche,
don granz dolçors au **cuer** li toche.
Tot **remire** [...][63]

Cette scène laisse déjà pressentir la fonction des yeux par rapport au cœur : le cœur est touché par l'image qui s'offre à lui grâce au message des yeux. Cependant, l'auteur ne parle encore ni du message ni de la médiation. C'est seulement dans la description des noces d'Erec et Enide qu'il constate :

Li **oel** d'esgarder se refont, [...]
et le message au **cuer** anvoient, [...].
Après le message des **ialz**
vient la dolçors [...][64]

Chrétien définit ainsi pour la première fois – sans développer pourtant la définition – la relation des yeux par rapport au cœur.

L'idée du miroir apparaît de nouveau dans *Cligés*. Elle devient ici plus « localisée » : ce n'est plus la personne toute entière qui reflète une image, ce sont les yeux qui deviennent le

---

[63] *Erec et Enide*, vv. 1466-1475.
[64] *Ibidem*, vv. 2037-2042.

miroir. En revanche, le champ de la vision s'élargit : la beauté de la personne aimée est remplacée d'un côté par le cœur, de l'autre – par l'univers visible : « Car es **ialz** se fiert la luiserne / ou li **cuers se remire** »[65].

Le cœur se mire dans les yeux : cette idée était absente dans *Erec et Enide*. De plus, le cœur – à travers les yeux – contemple l'univers extérieur :

> [...] es **ialz** se fiert la luiserne
> Ou li **cuers se remire**, et **voit**
> L'uevre de fors, quex qu'ele soit ;
> Si **voit** maintes oevres diverses,
> Les unes verz, les autres perses,
> L'une vermoille, et l'autre bloe,
> L'une blasme, et l'autre loe,
> L'une tient vil, et l'autre chiere.
> Mes tiex li mostre bele chiere
> El **mireor**, quant il l'**esgarde**,
> Qui le traïst, s'il ne s'i garde[66].

Nous constatons, dans le passage cité (qui fait partie du monologue d'Alexandre : vv. 684-864), la présence de la pensée platonicienne découverte déjà à l'occasion de l'analyse du motif du miroir dans *Erec et Enide*. Cette pensée subit, pourtant, une transformation particulière : l'idée d'un simple reflet demeure, mais celui-ci devient plus concret, car la réalité qu'il rend n'est plus invisible. La symbolique ne cède pas la place au réalisme, mais son objet change, ce qui se manifeste dans l'optique de la vision : dans *Erec et Enide* c'était le monde contemplé – la Beauté (donc l'objet de la contemplation) – qui était conçu comme un monde idéal, tandis que le sujet de la contemplation – les yeux du spectateur – était de l'ordre du réel.

---

[65]   *Cligés*, vv. 726-727.
[66]   *Ibidem*, vv. 726-736.

Dans *Cligés*, un renversement s'opère : l'objet de la connaissance – le monde contemplé – est un monde matériel, tandis
que le sujet de la contemplation devient spirituel, puisque c'est
le cœur qui regarde, qui voit, qui se mire. Soulignons que c'est
dans le monologue d'Alexandre que l'auteur parle pour la première fois explicitement du regard du cœur : « li **cuers** [...] **voit**
l'uevre de fors »[67] ; « an lui **a mes cuers veü** un rai »[68]. Il va reve-
nir à cette expression dans le passage suivant où il décrit la souffrance amoureuse de Soredamor : « a en son **cuer remiré** »[69].

Ce ne sont plus les yeux qui se mirent : c'est le cœur qui mire et
qui se mire. Le cœur qui se révèle plus parfait : les yeux ne faisaient
que renvoyer l'image, ils formaient un miroir, mais un miroir passif, un miroir contemplatif ; le cœur possède la capacité de renvoyer l'image ou de la garder. Aussi, le cœur devient-il un miroir
dynamique, « conscient », puisqu'il contemple, juge, aime.

Cette extension du rôle du cœur par rapport à celui des yeux
constitue l'un des axes de l'esthétique de Chrétien : l'axe de
l'intériorisation et de la spiritualisation de la beauté.

L'image du miroir peut paraître banale : elle était connue
déjà dans l'Antiquité (l'épisode ovidien de Narcisse) et dans la
poésie des troubadours[70]. Dans les deux cas l'idée de ce miroir
est précise : Narcisse regarde et aime sa propre image que lui
reflète le miroir de l'eau de la source :

Dunque bibit, visae correptus imagine formae,
Spem sine corpore amat ; corpus putat esse quod unda
est [...]

---

[67] *Ibidem*, vv. 727-728.

[68] *Ibidem*, vv. 738-739.

[69] *Ibidem*, vv. 880.

[70] Sur les affinités des pensées chrétienesque et troubadouresque voir, par exemple,
*Chrétien de Troyes and the Troubadours. Essays in memory of the late Leslie
Topsfield*, éd. P. S. Noble, L. M. Paterson, Cambridge 1984.

Se cupit inprudens et qui probat ipse probatur,
Dumque petit petitur pariterque accendit et ardet.
Inrita fallaci quotiens visum captantia collum
Bracchia mersit aquis nec se deprendit in illis !
Quid videat, nescit; sed quod videt, uritur illo
Atque oculos idem, qui decipit, incitat error.
Credule, quid frustra simulacra fugacia captas ?
Quod petis est nusquam; quod amas, avertere, perdes[71].

Bernart de Ventadorn, dans son poème *Quan vei l'alauzeta
mover*, compare les yeux de sa bien-aimée au miroir :

Anc non agui de me poder
ni no fui meus de l'or'en sai
que. m laisset en sos olhs vezer,
en un miralh que mout me plai.
Miralhs, pus me mirei en te,
m'an mort li sospir de preon,
c'aissi. m perdei com perdet se
lo bel Narcissus en la fon[72].

Narcisse et le troubadour, en regardant le miroir, sont pris
par l'amour : le miroir devient le chemin direct de l'amour[73].

Mais, en fait, on peut se demander de quel miroir et de
quelle image-objet de l'amour il s'agit dans les vers 687-707 de
Cligés :

---

[71]   Ovide, *Métamorphoses*, Paris 1928, III, vv. 416-417, 425-433.

[72]   Bernart de Ventadorn, *Quan vei l'alauzeta mover*, éd. C. Appel, Halle 1915,
       XLIII.

[73]   Il ne faut pas cependant oublier que le mythe de Narcisse dans les *Métamorpho-
       ses* d'Ovide et, d'autre part, l'allégorie de la caverne chez Platon où, pour voir
       la réalité, il faut se détourner des mirages produits par les ombres, c'est-à-dire
       les reflets déformés de la vérité, sont dotés de symbolique négative. Sur le sens
       maléfique du miroir voir aussi : M.-N. Slonina, *Tout savoir sur le regard*, Lau-
       sanne 1987 ; J. Starobinski, « Reflet, réflexion, projection », [dans :] *Cahiers de
       l'Association Internationale des Etudes Françaises* 1959, n° 11, pp. 217-230.

Comant le t'a donc trait el cors,
Quant la plaie ne pert de fors ?
Ce me diras : savoir le vuel !
Comant le t'a il tret ? Par l'uel.
Par l'uel ? Si ne le t'a crevé ?
A l'uel ne m'a il rien grevé,
Mes au cuer me grieve formant.
Or me di donc reison comant
Li darz est par mi l'uel passez,
Qu'il n'an est bleciez ne quassez.
Se li darz parmi l'uel i antre,
Li cuers por coi s'an dialt el vantre,
Que li ialz ausi ne s'an dialt,
Qui le premier cop an requialt ?
De ce sai ge bien reison randre :
Li ialz n'a soin de rien antandre,
Ne rien ne puet feire a nul fuer,
Mes c'est li mereors au cuer,
Et par ce mireor trespasse,
Si qu'il ne blesce ne ne quasse,
Le san don li cuers est espris [74].

Guido Favati voit dans cet emploi du motif du miroir dans le monologue d'Alexandre une transformation originale du motif ovidien de l'Amour perçant par ses flèches le cœur du bien-aimé : Chrétien identifierait ainsi les flèches d'amour à l'image de la bien-aimée ce qui implique la nécessité d'introduire le motif des yeux (l'image ne peut être perçue que par les yeux). Et pour éviter le danger de la destruction des yeux par la flèche, il les rend transparents. Ils deviennent le miroir[75].

---

[74] *Cligès*, vv. 687-707.

[75] Guido Favati dit à ce propos : « È superfluo osservare come Chrétien faccia qui ricorso ad un altro e ben noto tema ovidiano, quello di Amore-arciere, le cui frecce penetrano fino al cuore dell'amante ; ma egli l'ha complicato identificando quelle frecce con l'immagine (o con lo sguardo) della donna ; e un immagine non è percepibile se non attraverso gli occhi : di cui la necessità di offrire una spiegazione possibilmente razionale al problema rappresentato dalla

Le contexte de la phrase « li ialz [...] c'est li mereors au cuer »
(vv. 702-704) révèle cependant que l'emploi du motif du miroir n'est pas une simple application d'une règle rhétorique ; il
renferme une dimension symbolique. Remarquons que ce n'est
pas l'amant qui se reflète lui-même dans un miroir ; ce n'est pas
non plus l'amant qui regarde dans le miroir des yeux de sa bien-
aimée : c'est l'amant-aimé dont le cœur se sert de ses propres
yeux comme d'un miroir. Nous assistons ainsi à un procédé de
modification du motif ovidien du miroir, ainsi que du motif du
miroir introduit par Bernart de Ventadorn : premièrement, le
miroir appartient à celui qui regarde ; deuxièmement, le miroir
reflète l'image non à l'extérieur, mais à l'intérieur, vers le cœur
de l'observateur. C'est en même temps le mouvement de l'absorption et de l'intériorisation.

Une des séquences du roman suivant, celui du *Chevalier de
la Charrete* (Lancelot, en contemplant les cheveux de la reine)
laisse aussi découvrir les traces de l'idée du miroir. Les traces,
car un seul verbe, *remire*, renvoie le lecteur à cette idée : « Quant
il le tint, molt longuemant / l'**esgarde**, et les chevox **remire** »[76].

Nous constatons en même temps que les yeux perdent dans
ce texte la confiance de l'auteur : non seulement ils ne procurent
plus une image suffisante pour atteindre une pleine connaissance de l'objet aimé ou de la réalité mais, plusieurs fois, le héros
est obligé d'avoir recours à un objet supplémentaire – anneau
magique – pour avoir une juste connaissance (vv. 2351-2353 ;
v. 3125). La notion du miroir (réel bien que sans être nommé

---

necessità di conciliare la nota metafora della freccia d'amore che penetra nel
cuore, con l'esigenza di farla giungere al cuore attraverso gli occhi, giustificando
come ciò possa avvenire senza che gli occhi si spacchino. Ed è proprio a questo
punto che salta fuori il mireor » (G. Favati, « Una traccia di cultura neoplatonica
in Chrétien de Troyes : Il tema degli occhi come specchio (*Cligés*, vv. 692-749) »,
op. cit., p. 5).

[76]   *Chevalier de la Charrete*, vv. 1392-1393.

explicitement) est ainsi présente mais ce n'est plus le miroir des yeux, mais celui de la pierre magique. Dans ce contexte, le vers 1393 (« les chevox remire ») semble une trace de l'idée du miroir purement stylistique. Par contre, l'abandon du symbole du miroir des yeux semble être causé non par des raisons stylistiques, mais par le changement de la conception même de la connaissance. L'auteur s'oriente vers la connaissance intériorisée qui s'effectue dans un isolement du monde matériel et qui se fonde sur les réalités inaccessibles pour les yeux. Le vers 724 du *Chevalier de la Charrete* annonce ce que l'auteur considérera ensuite comme la vraie contemplation amoureuse, mais aussi comme contemplation cognitive : « il n'ot, ne voit, ne rien n'antant ». Le regard, de nouveau, s'éclipse : il n'est plus nécessaire car une forme supérieure de la connaissance intervient.

Dans le *Chevalier au Lion* qui – comme le *Chevalier de la Charrete* – illustre le changement du rôle que l'auteur attribue aux yeux dans le domaine de la connaissance[77], Chrétien renonce complètement à l'idée du miroir. Il revient, à vrai dire, deux fois à la métaphore du cœur atteint à travers les yeux par le dard d'Amour :

[...] Amors [...]
[...] par les **ialz** el **cuer** le fiert[78] ;

– Dame, fet il, la force vient
de mon **cuer**, qui a vos se tient ;
an ce voloir m'a mes **cuers** mis.
– Et qui le **cuer**, biax dolz amis ?
– Dame, mi **oel**. – Et les **ialz**, qui ?
– La granz biautez que an vos vi[79],

---

[77]   Dans le *Chevalier au Lion* le rôle des yeux diminue puisque ce sont les oreilles qui prennent leur place dans la connaissance ; cf. vv. 165-166 : « les oroilles sont voie et doiz par ou s'an vient au cuer la voiz ».

[78]   *Chevalier au Lion*, vv. 1370-1372.

[79]   *Ibidem*, vv. 2017-2022.

mais sans entrer dans des subtilités qui en expliqueraient les détails.

Dans le dernier roman de Chrétien, le *Conte du Graal*, nous observons non l'élimination de la notion du miroir mais le renversement de son idée positive. Le miroir apparaît dans un contexte négatif : il devient l'attribut de la *male pucele* – orgueilleuse, maléfique, égoïste, cherchant la perte de tout homme qui s'attache à elle :

> Mes sire Gauvains [...]
> trova une pucele sole,
> qui **miroit** son vis et sa gole[80].

Dans la suite du roman, l'auteur appelle la mauvaise demoiselle « la pucele qui se mire » (v. 6552), ce qui prouve l'importance de l'attribut de la demoiselle et, en même temps, souligne sa signification négative.

Remarquons que c'est le seul passage dans l'œuvre de Chrétien où le miroir apparaît non comme métaphore ou symbole, mais comme objet matériel – comme *speculum*. Ce fait semble une continuation logique du changement de la conception du regard présentée par l'auteur – changement qui consiste en une spiritualisation du regard. Conformément à cette idée, les yeux perdent leur place dans le domaine de la connaissance puisque Chrétien passe ici au niveau de la contemplation[81]. Que devient-il, alors, le miroir des yeux ? Puisqu'il n'est plus indispensable au cœur, il s'efface, sans pourtant complètement disparaître. Son idée demeure : l'auteur l'utilise pour renforcer le

---

[80]   *Conte du Graal*, t. II, vv. 6432-6438.

[81]   Dans le *Conte du Graal*, ce n'est plus ni regard ni parole, mais la pensée (que Chrétien adopte comme un des facteurs de la contemplation) qui atteint le cœur : « Ancor n'estoit pas enuiez / de son **pansé** qui mout li plot, / [...] cil **pansers** n'estoit pas vilains, / [...] et cil estoit fos et estolz / qui vostre **cuer** an remuoit » (*ibidem*, t. I, vv. 4400-4437).

contraste entre la vraie connaissance qui vient de la contemplation du cœur et la fausse connaissance procurée par le miroir des yeux. Chrétien revêt la notion du miroir d'une connotation négative : c'est un adieu à l'idéal chevaleresque et l'orientation vers l'idéal mystique. Le miroir des yeux devient l'attribut de la ruse ; le seul vrai miroir est désormais celui de l'âme purifiée par l'épreuve.

2. 2. Jeux de la verrière

Le motif du miroir est un principe fondamental du rapport de la corrélation entre les yeux et le cœur dans le domaine de la connaissance. En existe-t-il d'autres ?

Le monologue d'Alexandre (*Cligés*, vv. 684-741) fournit ici une matière intéressante. En expliquant comment l'Amour atteint le cœur à travers les yeux sans les blesser ni casser, l'auteur introduit le symbole de la verrière :

> Autresi est de la verrine :
> Ja n'iert si forz ne anterine
> Que li rais del soloil n'i past,
> Sanz ce que de rien ne la quast ;
> Ne ja li voirres si clers n'iert,
> Se autre clartez ne s'i fiert,
> Que par le suen voie l'an mialz.
> Ce meïsmes sachiez des ialz,
> Et del voirre [...][82].

L'idée de la verrière implique celle de transparence, de limpidité. Elle est beaucoup plus subtile et parfaite que l'idée du miroir. Le miroir reflète une image mais, en même temps, il

---

[82]　*Cligés*, vv. 717-725.

la modifie : c'est un reflet de la réalité et non pas cette réalité même. Par contre, dans le cas de la verrière, c'est la réalité et non pas son reflet qui se présente à l'observateur. Elle entraîne aussi une autre relation du cœur et des yeux : ce n'est plus le rapport de la corrélation mais celui de l'identification. Les yeux et le cœur ne sont plus uniquement des corrélatifs : leurs regards non seulement se conditionnent, mais, en plus, ils se confondent. C'est un état de l'équilibre parfait.

L'idée du miroir était un héritage (direct ou non direct) des pensées ovidienne et platonicienne. Ceci n'est pas le cas de l'idée de la transparence : elle semble plutôt provenir de la tradition chrétienne. Selon la tradition biblique, le cœur était le siège de la vie physique, affective et spirituelle de l'homme. Comme il restait soustrait au regard humain, l'auteur biblique lui a donné un correspondant externe – les yeux. Il faudrait donc considérer l'œil physique comme récepteur de la lumière et de l'image physiques ; grâce à sa faculté de transparence, il est capable de transmettre cette lumière et cette image (à condition qu'il soit pur lui-même) jusqu'à l'oeil du cœur et fait ainsi surgir la vision intérieure de l'image. Il importe aussi de rappeler que les théologiens du XIIe siècle avaient souvent recours à l'idée de la verrière pour expliquer l'Immaculée Conception.

Malgré toute la richesse du symbole de la verrière, Chrétien ne l'utilise qu'une seule fois. Elle apparaît donc comme une figure auxiliaire par rapport à celle du miroir.

***

La lecture attentive des romans chrétienesques fait découvrir la présence d'une particulière corrélation entre les yeux et le cœur, ainsi qu'entre leurs regards. L'analyse de cette corrélation mène aux conclusions suivantes :

Le rapport de la corrélation des yeux et du cœur est réalisé dans les romans de Chrétien grâce à l'idée d'un double miroir : celui des yeux et celui du cœur. Les yeux constituent un miroir qui, d'un côté, reflète une image, c'est-à-dire la renvoie (le mouvement vers l'extérieur), et, de l'autre côté, absorbe l'image pour la transmettre plus profondément (le mouvement vers l'intérieur). Il faut donc considérer les yeux comme un miroir passif (miroir contemplatif) et comme un miroir actif (miroir dynamique). Le miroir du cœur se montre toujours comme un miroir dynamique : c'est lui qui accueille l'image et juge de sa valeur.

Dans *Erec et Enide*, le problème de la corrélation des yeux et du cœur ainsi que de leurs regards est présent, mais bien discrètement. L'idée du miroir conçu comme principe fondamental de ce rapport est à peine signalée. Le miroir des yeux apparaît comme miroir contemplatif, mais aussi comme miroir actif, renvoyant l'image de l'extérieur à l'intérieur. En même temps, on constate l'équilibre entre l'importance et le rôle des deux organes de la vision cognitive que sont les yeux et le cœur.

Dans *Cligés*, l'équilibre de l'action du cœur et des yeux est encore bien gardé, bien que la prépondérance du premier sur le deuxième commence à surgir. Le rapport fondamental reste toujours celui de la corrélation : les yeux s'y font découvrir comme base de la connaissance, puisqu'ils réalisent le premier contact avec la réalité visible. Le mouvement de la connaissance – comme dans *Erec et Enide* – est un mouvement à sens unique : celui de l'extérieur vers l'intérieur.

Dans le *Chevalier de la Charrete*, le regard des yeux perd de son importance et le regard du cœur se fait plus autonome. Nous ne pouvons plus parler du rapport de la corrélation des yeux et du cœur. L'optique des deux commence à diverger.

Dans le cas du *Chevalier au Lion*, la prépondérance du cœur et de son regard augmente. En même temps, l'analyse du roman révèle que le regard devient le facteur d'une fausse connaissance. La vraie connaissance peut être procurée uniquement par le regard du cœur isolé de celui des yeux. Le regard des yeux et celui du cœur se contredisent. C'est un échec des yeux et la domination du cœur.

Dans le *Conte du Graal*, par suite du changement radical de la conception de la connaissance, l'idée du miroir reste présente mais l'auteur la revêt d'une signification négative : le miroir devient la source d'une fausse connaissance, car incomplète et défigurée. Le seul vrai miroir est celui du cœur.

Conformément à cette évolution de la notion de la corrélation des yeux et du cœur ainsi que de leurs regards, nous observons une évolution analogue de l'idée du miroir. Son importance et sa signification varient selon le schéma établi pour la corrélation des yeux et du cœur : le miroir – bien présent, passif ou actif, mais surtout positif dans les deux premiers romans de Chrétien, perd de l'importance dans le *Chevalier de la Charrete* et dans le *Chevalier au Lion*, pour revêtir une signification négative dans le *Conte du Graal*.

L'idée de la corrélation des yeux et du cœur est complétée par celle de la transparence rendue dans le symbole de la verrière qui apparaît dans un seul roman, *Cligés*.

Le symbole du miroir ainsi que celui de la verrière, bien qu'utilisés par Chrétien de façon novatrice, sont une réminiscence des idées connues déjà dans l'Antiquité et dans l'époque contemporaine de Chrétien. En particulier, l'idée du miroir remonte aux traditions ovidienne, platonicienne et troubadouresque ; quant à l'idée de la transparence – elle s'apparente aux traditions biblique et mariale.

3. La fausse connaissance

Le regard peut remplir dans les romans de Chrétien le rôle d'un facteur de la fausse connaissance qui – de façon voulue ou non voulue – cause une mauvaise interprétation des phénomènes observés. Ce sont surtout les circonstances ou les enchantements qui provoquent cette illusion. Ainsi, trompé par des causes diverses, le regard devient à son tour trompeur.

Parmi les causes de la fausse connaissance, les textes analysés laissent découvrir :

– les états de trouble,

– les circonstances chronotopiques,

– les signes trompeurs et les signes falsifiés,

– l'ignorance et les apparences,

– l'enchantement.

3.1. Les états de trouble

Plusieurs protagonistes des romans de Chrétien sont dotés de personnalité frénétique. Il y va en particulier des chevaliers-amants qui – à cause du surcroît de la passion dangereuse – se laissent envahir par les troubles psychiques qui les dégradent et les métamorphosent en hommes sauvages privés de la raison et des manières courtoises.

A part la folie, une autre catégorie de troubles peut atteindre les protagonistes chrétienesques : troubles temporaires et sporadiques, bien que profonds, qui sont dus à une douleur physique exceptionnelle ou à une blessure émotionnelle. Ces troubles s'expriment extérieurement par l'évanouissement qui, dans plusieurs cas, ressemble à l'état de la mort.

Aussi bien la folie, la frénésie que l'évanouissement peuvent causer une fausse connaissance chez des co-protagonistes, incapables de reconnaître soit le personnage même, atteint de troubles, soit son état advenu de façon imprévue.

L'évanouissement

Le motif de l'évanouissement, dans sa fonction de facteur de la fausse connaissance, apparaît deux fois dans *Erec et Enide* (vv. 4564-4582, 4605-4684), une fois dans le *Chevalier de la Charrete* (vv. 4295-4304), une fois dans le *Chevalier au Lion* (vv. 3491-3501) et une fois dans le *Conte du Graal* (vv. 4300-4301). Il est absent dans *Cligés*[83].

L'invention de ce motif n'appartient pas à Chrétien. Jean Frappier voit en lui une transformation originale du motif ovidien et constate à ce propos : « Dans l'épisode où Yvain retourne à la fontaine en compagnie de son lion (vv. 3485 ss.) il est visible que Chrétien s'est souvenu du petit poème de *Piramus*

---

[83]   Nous ne prenons pas en considération la maladie de Fénice qui, en fait, est un état feint.

et Tisbé, translation d'Ovide ; mais son imitation est très élaborée, il a emprunté quelques motifs (la mort apparente, le suicide, le dialogue de deux personnages facilité grâce à la fissure d'une muraille) et il les a insérés dans une construction toute différente »[84].

Dans le même épisode du retour à la fontaine magique, Frappier voit, d'ailleurs, une transposition d'un épisode analogue d'*Erec et Enide* : « Dans ce passage, où se mêlent si curieusement la fantaisie, l'émotion et un peu d'humour, Chrétien transpose dans un registre paradoxal un épisode d'Erec, où Enide, croyant son époux mort, est prête à se tuer avec l'épée de son seigneur et n'est sauvée que par miracle d'une mort imminente (vv. 4605-4684) ; dans les deux cas, le thème de la mort supposée et celui du suicide évité de justesse sont associés »[85].

Si cependant la mort apparente de Tisbé dans le récit d'Ovide entraîne la tragédie (la mort réelle de Piramus), dans les passages cités du *Chevalier au Lion* et d'*Erec et Enide* la mort apparente d'Yvain et d'Erec n'est qu'un facteur de la dramatisation du roman qui ne cause pas en fin de comptes le drame. Comme le remarque Marie-Noëlle Lefay-Toury, aucun des romans de Chrétien « n'est construit autour du suicide, comme l'est par exemple *Piramus* [...], mais les tentatives manquées, ou annoncées par les personnages, servent souvent de ressort à l'action d'un ou de plusieurs épisodes »[86].

Dans le *Chevalier de la Charrete*, le motif de l'évanouissement n'est pas celui de l'évanouissement-mort apparente ;

---

[84] J. Frappier, *Le Roman breton. 'Yvain ou Le Chevalier au Lion'*, *op. cit.*, pp. 36-37.

[85] *Ibidem*, pp. 19-20.

[86] M.-N. Lefay-Toury, *La tentation du suicide dans le roman français du XIIe siècle*, Paris 1979, p. 92.

c'est juste le renversement de la situation précédente puisque la tentative du suicide provoque l'illusion de l'évanouissement :

> Quant a terre cheü le voient
> cil qui avoec lui chevalchoient,
> si cuident que **pasmez** se soit,
> que nus del laz ne s'aparçoit
> qu'antor son col avoit lacié[87].

Par rapport à deux passages précédents, le passage cité devient plus dramatique ; le danger de la mort réelle du protagoniste est masqué par un simple évanouissement. En même temps, nous observons un procédé curieux : le topos d'origine antique de la mort apparente – cause de la mort réelle – subit un retournement : la méprise est découverte à temps et fait place à la vraie connaissance. Ainsi donc, le motif de l'évanouissement peut remplir de rôles différents, même opposés, suivant la conception poétique du roman.

Dans le *Conte du Graal*, le motif analysé se trouve également présent ; l'intensité du degré dramatique dont il est la cause semble cependant s'affaiblir. Peut-être est-ce dû au personnage de Keu, sénéchal du roi Arthur, qui n'y gagne pas une grande sympathie de l'auteur[88] : « Qant le seneschal **pasmé** truevent, / si cuident tuit que il soit morz »[89].

La mort apparente de Keu ne provoque aucune répercussion dramatique sauf celle de la colère du roi Arthur. Chrétien paraît introduire ce motif pour souligner la force et la prouesse de Perceval qui s'attaque contre l'orgueilleux sénéchal du roi et sort vainqueur de cette joute.

---

[87] *Chevalier de la Charrete*, vv. 4295-4299.

[88] P.-Y. Badel écrit à propos de Keu : « Il surestime ses forces. Vantard, querelleur, jaloux des succès d'autrui, il est prompt à semer la zizanie » (P.-Y. Badel, *Introduction à la vie littéraire du Moyen Age, op. cit.*, p. 80).

[89] *Conte du Graal*, t. I, vv. 4300-4301.

La folie

Le motif de la folie est présent dans un seul roman de Chrétien, *Yvain*. Son protagoniste, repoussé brutalement par son épouse, envers qui il a commis la faute de l'oubli, sombre subitement dans la folie, ce qui le pousse à mener la vie d'un solitaire privé de la raison et des réactions humaines[90].

L'invention de ce motif n'appartient pas à Chrétien[91]. En particulier, la folie amoureuse dont il s'agit dans l'*Yvain*, peut être considérée comme réécriture de la folie tristanienne[92]. Pourtant, à la tradition déjà existante, Chrétien ajoute la nuance de la folie par désespoir d'amour.

Le thème de la folie influence en premier lieu la dimension psychologique du roman. Il joue aussi un rôle considérable

---

[90]   Cf. *Chevalier au Lion*, vv. 2798 ss.

[91]   Par exemple, dans la *Vita Merlini* de Geoffroy de Monmouth, il existe un motif analogue de la maladie : Merlin, atteint de folie, s'enfuit dans les bois où il mène la vie des bêtes sauvages. Dans le cas de ce personnage il ne s'agit cependant pas de la folie amoureuse.

[92]   J. Frappier fait remarquer à ce propos : « L'influence de Tristan, moins nette que dans *Cligès* ou même dans la *Charrete*, persiste dans l'*Yvain* : la vie sauvage du héros devenu fou s'inspire de l'épisode de la Forêt du Morois, sa rencontre avec l'ermite fait penser à l'ermite Ogrin » (J. Frappier, *Le Roman Breton. 'Yvain ou Le Chevalier au Lion'*, op. cit., pp. 36-37. Sur les relations entre le roman de Tristan et ceux de Chrétien, voir aussi : G. Raynaud de Lage, *Les premiers romans français et autres études littéraires et linguistiques*, Genève 1976, pp. 169-170). L'histoire de Tristan contient un autre épisode, « Folie Tristan », qui exploite le motif de la folie. Cependant, bien que le parallélisme des motifs soit évident, il ne faut pas les identifier. La folie de Tristan est un jeu, un déguisement, un moyen pour avoir accès à Yseut ; par contre, la folie d'Yvain est une maladie réelle – résultat d'un trouble affectif. Ph. Ménard souligne ainsi la gravité de l'état d'Yvain : « Quand Yvain [...] déchire ses vêtements et s'enfuit dans les bois pour vivre comme un sauvage, nous n'avons pas envie de rire. Nous plaignons le héros, à la vue du 'torbeillon' qui lui monte 'el chief' ».

dans le processus de la connaissance : la folie non seulement
cause les troubles dans la vie psychique d'Yvain, mais, de plus,
elle modifie l'aspect extérieur du protagoniste et ses réactions
de telle façon que même ses amis ne le reconnaissent pas. Les
trois demoiselles qui le retrouvent endormi dans la forêt, le reconnaissent uniquement grâce à une cicatrice au visage :

> Vers l'ome nu que eles voient
> cort et descent une des trois ;
> mes molt le regarda einçois
> que rien nule sor lui veïst
> qui reconuistre li feïst ;
> si l'avoit ele tant veü
> que tost l'eüst reconeü
> se il fust de si riche ator
> com il avoit esté maint jor.
> Au reconoistre molt tarda
> et tote voie l'esgarda
> tant qu'an la fin li fu a vis
> d'une plaie qu'il ot el vis ;
> c'une tel plaie el vis avoit
> mes sire Yvains, bien le savoit ;
> qu'ele l'avoit assez veü.
> Por la plaie l'a coneü,
> que ce est il, de rien n'en dote [...][93]

Un tel changement d'apparence importe pour la construction dramatique du roman : il permet d'introduire une intrigue
complexe qui – chargée d'un grand poids psychologique – rend
l'action plus dynamique. Même s'il s'inscrit parfaitement dans
le cadre de son époque où « le spectacle de la démence inquiète
et trouble la sensibilité »[94], Chrétien joue ici le rôle du précur-
seur. Pour citer une fois de plus Jean Frappier, « le personnage de

---

[93]   *Chevalier au Lion*, vv. 2888-2905.

[94]   Ph. Ménard, *Le rire et le sourire dans le roman courtois en France au Moyen Age
       (1150-1250)*, Genève 1969, p. 179.

l'Amant furieux reparaît non seulement dans la suite immédiate de notre auteur (*Amadas, Partonopeus de Blois*, « frénésie » de Lancelot dans le *Lancelot en prose*), mais il poursuit une longue carrière, à travers les romans de chevalerie, jusqu'aux *Amadis*, jusqu'à *Don Quichotte* ; dans *Mélite*, la comédie de Corneille (1633), Eraste est encore en proie à la folie d'amour »[95].

Dans *Cligés*, un autre état de trouble – trouble amoureux – devient la cause de la fausse connaissance. La reine, en observant le comportement de Soredamor et d'Alexandre qui l'accompagnent dans sa traversée de la mer, ne se doute pas du sentiment amoureux qui envahit les jeunes, en considérant que c'est le mal de mer qui est la cause de leurs réactions inhabituelles :

> La reïne garde s'an prant,
> Qui l'un et l'autre voit sovant
> Descolorer et anpalir ;
> Ne set don ce puet avenir,
> Ne ne set por coi il le font
> Fors que por la mer ou il sont.
> Espoir bien s'an aperceüst,
> Se la mer ne la deceüst ;
> Mes la mers l'angingne et deçoit
> Si qu'an la mer l'amor ne voit ;
> An la mer sont, et d'amer vient,
> Et d'amors vient li max ques tient[96].

Chrétien expose ainsi un aspect particulier de la relation « trouble / connaissance ». Dans le cas précédent (l'évanouissement), nous avons observé la relation « état maladif réel / fausse connaissance ». Dans la scène citée de *Cligés*, le rapport est différent : il y va d'un jeu complexe, mené même à l'incons-

---

[95]   J. Frappier, *Le Roman Breton. 'Yvain ou Le Chevalier au Lion'*, *op. cit.*, p. 89.

[96]   *Cligés*, vv. 533-544.

cient des protagonistes qui pour la première fois dans leur vie font l'expérience des tourments de l'amour.

3.2. Les ténèbres et les circonstances chronotopiques

Parmi les circonstances qui sont la cause de la fausse connaissance, les textes comptent aussi : les ténèbres, l'espace et le temps. Les ténèbres – motif qui dans la littérature médiévale revêt souvent une signification symbolique[97] – apparaissent deux fois dans les romans de Chrétien (une fois dans *Erec et Enide* et une fois dans *Cligés*) dans leur dimension réaliste : contrairement à la lumière, ils empêchent, faussent ou même rendent impossible une juste connaissance.

Dans *Erec et Enide*, Erec et Guivret ne se reconnaissent pas non seulement à cause de la distance qui les sépare, mais surtout à cause des ténèbres de la nuit : « ne se sont pas reconeü, / qu'an l'onbre d'une nue brune / s'estoit esconsee la lune »[98].

Dans *Cligés*, les compagnons d'Alis, en organisant leur excursion nocturne dans le camp de l'armée d'Arthur, comptent justement sur les ténèbres pour cacher leur arrivée :

[...] demain, einz que li jorz peire,
Istront del chastel a celee,
Si troveront l'ost desarmee
Et les chevaliers andormiz,
Qui ancor girront an lor liz[99].

---

[97] Cette symbolique remonte aux croyances des peuples primitifs et à la symbolique biblique.

[98] *Erec et Enide*, vv. 4962-4964.

[99] *Cligés*, vv. 1640-1644.

C'est la lumière de la lune qui dévoile de façon inattendue
leur projet :

Cele nuit estoile ne lune
N'orent lor rais el ciel mostrez,
Mes ainz qu'il venissent as trez,
Comança la lune a lever[100].

L'opposition entre la lumière et les ténèbres se traduit ainsi
dans celle située entre la vraie et la fausse connaissance.
Dans deux romans : Erec et Enide (une fois) et le Chevalier de la Charrete (une fois), l'espace – conçu comme éloignement – peut, tout comme les ténèbres, provoquer une illusion.
Tels Erec et Guivret qui, dans la scène déjà citée à l'occasion de
l'analyse du motif des ténèbres, ne se reconnaissent pas dans la
forêt : « A tot es vos lance beissiee / Guivret, qui l'ot de loing
veü, / ne se sont pas reconeü »[101].

A côté des ténèbres, un autre facteur – l'espace – peut causer la fausse connaissance. Dans le Chevalier de la Charrete,
Lancelot, emprisonné dans la tour par Méléagant, prend l'arrivée de la sœur de celui-ci pour une hallucination. Sans se rendre compte de la limitation spatiale de son champ de vision,
lorsqu'il entend la voix de la jeune fille, il la prend pour un
fantôme :

La voiz entant, apeler s'ot,
mes qui l'apele il ne le sot :
fantosme cuide que ce soit.
Tot en tor soi garde et porvoit
savoir se il verroit nelui ;
mes ne voit fors la tor et lui.
« Dex, fet il, qu'est ice que j'oi ?
J'oi parler et neant ne voi !

---

[100] Ibidem, vv. 1672-1675.
[101] Erec et Enide, vv. 4960-4962.

Par foi, ce est plus que mervoille,
si ne dor je pas, ençois voille »[102].

Le motif étudié se trouve ainsi modifié : ce n'est plus un trop grand éloignement qui provoque un malentendu, mais une limitation particulière du champ de la vision ; le regard est incapable de saisir l'espace – bien qu'il soit proche – ou d'identifier ce qu'il contient.

L'analyse des romans chrétienesques nous fait constater que, en général, le facteur de l'espace ne devient pas une cause fréquente de la fausse connaissance : il arrive rarement (deux passages cités ci-dessus) que les personnages prennent des apparences lointaines pour la réalité et s'en laissent tromper. Ils préfèrent plutôt attendre que la distance diminue pour connaître ou reconnaître la personne ou l'objet dont ils s'approchent.

Le temps, ou plutôt son écoulement, peut parfois entraîner la fausse connaissance sous la forme de la non-reconnaissance. Tel Gauvain, dans le *Conte du Graal*, qui ne reconnaît pas Greorreas qu'il avait, longtemps auparavant, sévèrement puni pour un crime commis dans le royaume du roi Arthur :

« [...]
einz mes, que sache, ne te vi. »
« – Si as, Gauvains, tu me veïs
la ou grant honte me feïs.
Ne te sovient il de celui
cui tu feïs oltre son pois
mangier avoec les chiens un mois,
mains liees derriers le dos ? »[103]

De même, Gauvain ne reconnaît ni sa mère ni sa sœur ni la mère du roi Arthur qui séjournent dans le château mystérieux

[102]   *Chevalier de la Charrete*, vv. 6545-6554.
[103]   *Conte du Graal*, t. II, vv. 6862-6868.

de l'Autre Monde[104]. C'est seulement Guiromelant qui lui révèle l'identité des trois reines.

Il est intéressant de constater que cette relation spécifique entre le temps et la connaissance est présente dans un seul roman de Chrétien, le *Conte du Graal*. Peut-être est-ce la conséquence d'un caractère particulier de ce roman, oscillant plutôt vers le mysticisme, donc plus propre aux scènes méditatives ou rétrospectives que sont sans doute celles de la rencontre de Gauvain avec les trois reines ou avec Greorreas.

3.3. L'ignorance et les apparences

L'ignorance, conçue comme facteur de la fausse connaissance, est présente dans l'*Yvain* et dans le *Conte du Graal*.

Dans le *Chevalier au Lion*, Yvain et Gauvain ne se reconnaissent pas lors de leur combat : l'ignorance vient du fait que les deux chevaliers ont le visage caché par les heaumes :

« [...] Quel mescheance!
Par trop leide mesconoissance
ceste bataille feite avomes
qu'antreconeü ne nos somes »[105].

Nous retrouvons le même motif dans le *Conte du Graal* : Perceval, élevé par sa mère dans une complète ignorance de l'état chevaleresque et de la vie courtoise, interprète certaines situations et rencontres d'une façon aberrante. Telle sa première rencontre avec les quatre chevaliers traversant la *gaste forest* :

---

[104] Cf. le récit du séjour de Gauvain dans le château d'Ygerne – *ibidem*, vv. 7644-8106.

[105] *Chevalier au Lion*, vv. 6269-6272.

Et quant il les vit en apert,
que del bois furent descovert,
[...]
Lors dist : « Ha ! sire Dex, merci !
Ce sont ange que je voi ci »[106].

Puisqu'il n'avait jamais vu les chevaliers, Perceval est incapable de les reconnaître: la méconnaissance cause la fausse connaissance.

De même, la vue d'une splendide tente éveille en lui l'idée de la demeure de Dieu et non celle de la jeune demoiselle :

Li trez fu biax a grant mervoille ;
[...]
Li vaslez vers le tref ala,
et dist ainz que il venist la :
« Dex, ci voi ge vostre meison ! »[107]

Le même type de situation se retrouve dans l'épisode situé à la cour du roi Arthur[108] : le jeune Gallois ne sait même pas reconnaître le roi et ceci à cause de ce qu'il ne l'avait jamais vu ni n'a pas beaucoup entendu parler de lui.

Nous observons dans ce roman un parallélisme dans le motif de l'ignorance : d'un côté, Perceval saisit mal la réalité qui l'entoure ; de l'autre, l'entourage perçoit mal Perceval. Jugeant selon les apparences maladroites, la cour d'Arthur croit le jeune homme peu intelligent et incapable des exploits ou même de simples actions chevaleresques. Il n'y a que le regard prophétique de l'une des filles de la suite de la reine Guenièvre qui, doté du don de clairvoyance, perce les apparences pour saisir le vrai destin de Perceval.

---

[106] *Conte du Graal*, t. I, vv. 127-135.
[107] *Ibidem*, vv. 639-652.
[108] Cf. *ibidem*, v. 898 ss.

Parfois, c'est le déguisement qui peut devenir la cause de l'ignorance causant la fausse connaissance. Dans deux romans, *Cligés* et le *Chevalier de la Charrete*, les protagonistes ont recours à ce procédé pour cacher leur identité.

Dans *Cligés*, Alexandre et ses compagnons, pour pénétrer dans le camp d'Angrès, revêtent les armes des chevaliers-traîtres morts lors d'une bataille[109]. Les armes – attribut et signe de reconnaissance du chevalier – sont donc utilisées pour tromper l'ennemi. Le déguisement permet la réalisation du plan conçu.

Dans la suite du roman, à cause de la même ruse, Cligés est pris pour le duc des Saxons[110], ce qui lui vaut la victoire dans la joute.

Le motif du déguisement est aussi présent dans le *Chevalier de la Charrete* : Lancelot, en quittant à la dérobée la tour-prison où le retient Méléagant, pour participer au tournoi à la cour du roi Arthur, arrive à garder son incognito grâce au changement de couleurs et de symboles de ses armes[111]. Dans le même épisode, nous retrouvons le motif du comportement trompeur, provoqué par la reine Guenièvre qui veut ainsi éprouver l'amour de son amant.

Un autre facteur qui s'apparente à l'ignorance sont les apparences. L'observation basée sur l'aspect extérieur des phénomènes ou des personnes peut conduire à de fausses conclusions. Nous retrouvons deux exemples d'une telle relation dans le *Conte du Graal* : Perceval, plongé dans une profonde contemplation des trois gouttes de sang sur la neige, est pris par les guetteurs du roi Arthur pour un chevalier endormi : « [...] tant

---

[109] Cf. *Cligés*, vv. 1815-1849.

[110] Cf. *ibidem*, vv. 4555 ss.

[111] Cf. *Chevalier de la Charrete*, vv. 5528 ss.

que hors des tantes issirent / escuier qui muser le virent / et cuiderent qu'il somellast »[112].

En vain, cependant, cherche-t-on à le réveiller : ce n'est pas le sommeil, mais la contemplation et une sorte d'extase qui sont la cause de l'état étrange de Perceval. Keu, persuadé d'une victoire facile, va pourtant payer cher sa méprise : le jeune Gallois, dérangé dans sa contemplation et cherchant à se débarrasser de celui qui en est la cause, l'abat rapidement en lui cassant le bras droit.

Un autre exemple de la relation : « fausse apparence / fausse connaissance » est celui de la *male pucele* qui – selon les règles de l'esthétique antique et médiévale, en paraissant belle, devrait être bonne – se révèle en réalité méchante et maléfique. La beauté n'est donc plus le garant du bien ; elle devient son apparence trompeuse : la belle demoiselle est la demoiselle au cœur mauvais[113].

Il est à remarquer que cette scène est la seule où l'auteur introduit le motif du miroir – objet matériel. Si, dans le cas du miroir des yeux de Soredamor, le miroir était un instrument du regard sur soi-même ou bien sur l'autre, ici il crée une image mensongère. Il faudra à Gauvain chasser cette fausse image ce qui ne sera pas facile car, pour notre chevalier, « voir » c'est « créer soi-même le spectacle désiré »[114] ; il devient le spectateur de ses propres visions : son regard n'atteint plus l'être, mais son image.

---

[112] *Conte du Graal*, t. I, vv. 4191-4193.

[113] Cf. *ibidem*, t. II, vv. 7021-7022 : « La demoisele an la nef antre, / qui felon cuer avoit el vantre ».

[114] J. Starobinski, « Reflet, réflexion, projection », *op. cit.*, p. 221.

3.4. L'enchantement, le signe trompeur et le signe falsifié

« On risque fort de ne rien comprendre à certaines étrangetés dans la structure des romans de Chrétien si l'on perd de vue la notion de l'Autre Monde »[115] – cette remarque de Jean Frappier indique l'importance de la dimension féerique dans les romans de Chrétien.

Comme le souligne Daniel Poirion, « l'étymologie du mot „merveille" (*mirabilia*) implique d'abord un étonnement, qui se nuance ensuite de crainte, d'admiration ou de fascination. [...] Il ne s'agit pas d'une qualité objective du monde. On ne se réfère qu'implicitement à un regard qui voit, un esprit qui juge, un cœur qui s'étonne. [...] Le merveilleux [...] nous renvoie à un passé ou un ailleurs, où ce qui se donne à voir aurait été cru »[116]. En effet, dans chacun des romans chrétienesques, l'enchantement manifeste sa présence. Son effet principal est celui de provoquer l'illusion, le plus souvent l'illusion optique. Il peut revêtir des formes diverses et ses origines remontent toujours à l'Autre Monde ; ses effets dépendent des circonstances et du but proposé.

Dans les traditions antique et celtique, l'enchantement reste souvent lié à l'action d'un objet magique. Dans les romans de Chrétien, héritier dans beaucoup de points de ces deux traditions, l'objet magique apparaît sous la forme de l'anneau.

Deux protagonistes, Yvain et Lancelot, ont recours dans leurs aventures à l'action de l'anneau magique. Dans le cas d'Yvain, celui-ci apparaît sous une double forme : celle de l'anneau-

---

[115]　J. Frappier, *Le Roman breton. 'Yvain ou Le Chevalier au Lion'*, op. cit., p. 45.

[116]　D. Poirion, *Le merveilleux dans la littérature française du Moyen Age*, Paris 1982, pp. 4-5.

protecteur et celle de l'anneau d'invisibilité[117]. C'est ce dernier qui se montre particulièrement intéressant pour notre analyse.

Menacé par la vengeance des serviteurs de Laudine, Yvain reçoit de la part de Lunete l'anneau qui le rend invisible :

> Lors li a l'anelet livré
> Si li dist qu'il avoit tel force
> com a, desus le fust, l'escorce
> qu'el le cuevre qu'an n'en voit point[118].

L'enchantement provoque l'illusion et la personne réelle disparaît du champ de la vision des observateurs :

> [...]
> mes onques entr'ax n'orent oel
> don mon seignor Yvain veïssent
> que molt volentiers oceïssent[119].

L'intrigue de la scène devient plus complexe, car l'auteur y ajoute un motif particulier – celui des plaies de la victime qui s'ouvrent en présence du meurtrier. La situation se complique : le signe est évident, sa réception correcte, mais la présence du meurtrier – toujours impossible à découvrir[120].

Ainsi la connaissance que procure le regard des spectateurs est à peine à demi réelle. Finalement, Laudine et ceux qui l'accompagnent reconnaissent l'impuissance de leur regard qu'ils supposent trompé par une *deablie* ou *mervoille* : « Entre nos est cil qui l'ocist, / ne nos ne le veomes mie : / ce est mervoille et deablie »[121].

---

[117] Voir à propos de ces motifs : L. Carasso-Bulow, *The Merveilleux in Chrétien de Troyes' Romances*, Droz 1976. On situe souvent leurs origines dans le folklore universel.

[118] *Chevalier au Lion*, vv. 1026-1029.

[119] *Ibidem*, vv. 1106-1108.

[120] Cf. *ibidem*, vv. 1180-1185.

[121] *Ibidem*, vv. 1200-1202.

Dans le roman du *Chevalier de la Charrete*, c'est Lancelot qui a recours à l'anneau merveilleux. Cette fois-ci, il ne s'agit cependant pas de l'anneau d'invisibilité : ce n'est plus l'anneau qui provoque la fausse connaissance mais, au contraire, l'anneau qui démasque la fausse connaissance. Ainsi Lancelot, emprisonné dans le château aux portes retombantes, cherche de l'aide dans la puissance magique de son anneau :

[...]
mes cil don plus dire vos doi
avoit un anel an son doi
qu'anchantemanz ne le pooit
tenir, puis qu'il l'avoit veüe.
L'anel met devant sa veüe,
s'esgarde la pierre, et si dit [...][122].

Le même motif revient dans l'épisode où Lancelot, après avoir passé le Pont de l'Epée, veut apprendre où sont les deux lions qu'il avait vus de l'autre côté de la rivière :

Il met sa main devant sa face,
s'esgarde son anel et prueve
quant nul des deux lÿons n'i trueve
qu'il i cuidoit avoir veüz[123].

Remarquons que les deux anneaux – celui d'Yvain et celui de Lancelot – sont le don qui vient de l'Autre Monde : Lunete semble avoir des liens avec les fées ; la Dame du Lac est la fée Viviane qui avait élevé Lancelot[124].

Un autre attribut magique est celui d'une boisson magique. Nous le retrouvons deux fois dans le roman de *Cligés*. Alis, en couchant avec Fénice, trompé par la boisson magique que lui avait préparée Thessala, prend l'illusion pour la réalité :

---

122 *Chevalier de la Charrete*, vv. 2335-2340.

123 *Ibidem*, vv. 3125-3128.

124 Cf. J. Frappier, *Le Roman breton. 'Yvain ou Le Chevalier au Lion'*, op. cit., p. 52.

Mes de neant est a grant eise,
Car neant tient, et neant beise,
Neant tient, a neant parole,
Neant voit et neant acole,
A neant tance, a neant luite[125],

et Fénice, après avoir bu la boisson préparée par la même Thessala, tombe dans un état qui ressemble à la mort (vv. 5390 ss).

Comme dans le cas de l'anneau magique, l'influence de la boisson magique sur la connaissance consiste à créer une illusion d'optique et à tromper par conséquent l'observateur.

A côté des objets magiques qui provoquent l'enchantement, nous constatons plusieurs fois, dans les textes analysés, la présence des états d'enchantement. Lancelot, devant le passage du Pont de l'Epée, subit l'effet d'une illusion :

Ce feisoit molt desconforter
les deus chevaliers qui estoient
avoec le tierz, que il cuidoient
que dui lÿon ou dui liepart
au chief del pont de l'autre part
fussent lÿé a un perron[126].

L'enchantement constitue donc une sorte d'épreuve à laquelle doit être soumis le héros ; après avoir passé le Pont de l'Epée, Lancelot constate que les lions farouches n'étaient qu'une illusion :

Lors li remanbre et revient
des deux lÿons qu'il cuidoit
avoir veüz quant il estoit
de l'autre part ; lors s'i esgarde :
n'i avoit nes une leisarde,
ne rien nule qui mal li face[127].

---

[125] *Cligés*, vv. 3317-3321.

[126] *Chevalier de la Charrete*, vv. 3032-3037.

[127] *Ibidem*, vv. 3118-3123.

Un autre état d'enchantement apparaît dans *Erec et Enide* :
Erec, en pénétrant dans le verger enchanté pour tenter l'aventure de la Joie de la Cour, passe par la porte d'un mur d'air qui
entoure le verger et le protège contre les yeux indiscrets :

El vergier n'avoit an viron
mur ne paliz, se de l'air non ;
mes de l'air est de totes parz
par nigromance clos li jarz,
si que riens antrer n'i pooit,
se par un seul leu n'i antroit,
ne que s'il fust toz clos de fer[128].

Le verger même est un verger enchanté :

Et tot esté et tot yver
y avoit flors et fruit maür ;
et li fruiz avoit tel eür
que leanz se lessoit mangier,
mes au porter hors fet dongier[129].

Dans le *Conte du Graal*, Gauvain est soumis à l'épreuve du Lit
de la Merveille qui, elle aussi, est le fruit de l'enchantement :

Li anchantemenz tex estoit
que nus hom veoir nel pooit
de quel part li quarrel venoient,
ne li archier qui les treoient,
et ce poez vos bien antandre
que grant escrois ot au destandre
des arbalestes et des ars[130].

Dans les deux aventures – celle de la Joie de la Cour et celle
du Lit de la Merveille – le principe de l'enchantement est celui
de l'invisibilité. Le regard s'y montre trompé, puisque l'enchan-

---

[128]   *Erec et Enide*, vv. 5689-5695.
[129]   *Ibidem*, vv. 5696-5700.
[130]   *Conte du Graal*, t. II, vv. 7579-7585.

tement cache la réalité. Il ne s'agit donc pas de l'hallucination ou de la modification de la réalité, mais de l'absence de son image physique. La connaissance qui en découle devient une connaissance incomplète, alors, dans un certain sens, une fausse connaissance.

Le signe – moyen de la communication interhumaine lié au regard et à la perception, destiné à transmettre une vérité ou une information – devient parfois un signe trompeur puisque l'observateur l'interprète de façon subjective, pas toujours adéquate à la réalité dont le signe est porteur. Une telle situation a lieu dans deux romans : le *Chevalier de la Charrete* (une fois) et le *Conte du Graal* (une fois).

Dans le *Chevalier de la Charrete*, Méléagant et le roi Bademagu, à la vue des tâches du sang sur les draps de la reine provenant, en réalité, de la blessure de Lancelot qui avait rendu une visite nocturne à Guenièvre, accusent le sénéchal Keu, dont les plaies s'étaient ouvertes cette nuit même, d'avoir commis l'adultère en couchant avec la reine :

> Veillant la trueve, et les dras voit
> del fres sanc tachiez et gotez ;
> s'en a ses conpaignons botez,
> et com aparcevant de mal,
> vers le lit Kex le seneschal
> esgarde, et voit les dras tachiez
> de sanc, que la nuit, ce sachiez,
> furent ses plaies escrevees.
> Et dit : « Dame, or ai ge trovees
> tex anseignes con je voloie! »[131]

Une simple coïncidence, ainsi qu'une confiance absolue de Méléagant et de son père en leur regard, qui se laisse découvrir dans les paroles :

---

[131]   *Chevalier de la Charrete*, vv. 4748-4757.

« Or i alons, si le verrai,
Fet li rois, que veoir le voel,
le voir m'an aprendront mi oel »[132],

deviennent – renforcés par l'imagination et la jalousie – la cause de la confusion et de la méprise.

Dans le *Conte du Graal*, le geste de Gauvain, accompli devant le château de Tintagel – celui de suspendre deux écus sur l'arbre –, devient pour les habitants du château un faux signe de la présence de deux chevaliers :

[...]
cuiderent bien de premiers
qu'il i eüst .II. chevaliers
por ce qu'eles .II. escuz voient
qui a l'aubre pandu estoient.[133]

Cette mauvaise interprétation entraîne, d'ailleurs, de graves conséquences pour les habitants du château puisque, persuadés de la présence de deux chevaliers du roi Arthur qu'ils croient venus leur porter secours, ils se décident à engager le tournoi.

Un autre signe trompeur, associé à un préjugé, constitue un facteur important de la fausse connaissance. Nous en trouvons un seul exemple dans les romans de Chrétien, à savoir le préjugé portant sur la charrette de la mort, évoqué dans le *Chevalier de la Charrete* : à force de regarder Lancelot mené par le nain sur la charrette maudite, les habitants de la ville le prennent pour un malfaiteur :

Del chevalier, que cil aporte
sor la charrete, se mervoillent
les genz, mes mie nel consoillent,
einz le huient petit et grant,
[...]

---

[132] *Ibidem*, vv. 4826-4828.
[133] *Conte du Graal*, t. I, vv. 4931-4934.

s'ot molt li chevaliers de lui
vilenies et despit dire[134].

La scène devient une accusation de la médiocrité humaine
dont le regard, assombri par des préjugés fixés dans la société,
n'est pas capable de procurer la vraie connaissance.

Le motif du signe trompeur se confond souvent dans nos
textes avec celui du signe falsifié. Celui-ci apparaît une fois dans
Cligés et une fois dans le *Chevalier de la Charrete*.

Dans le *Chevalier de la Charrete*, pour tromper Gauvain et
Guenièvre, Méléagant a recours à une fausse lettre qu'un faux
messager apporte à la cour de Bademagu où séjourne encore
Guenièvre dans l'attente du retour de Lancelot[135]. Dans *Cligés*,
un autre stratagème trouve son emploi : Thessala, qui conseille
à Fénice de simuler une fausse mort pour échapper à son mari,
pour convaincre l'empereur de la maladie et de la mort inévi-
table de Fénice, présente à celui-ci l'urine d'une autre malade
qu'elle fait passer pour l'urine de l'impératrice. Les médecins,
jugeant l'état de santé de Fénice à partir de la preuve qu'on leur
présente, prononcent un mauvais diagnostic :

Li mire vindrent an la sale,
L'orine voient pesme et male,
Si dit chascuns ce que lui sanble,
Tant qu'a ce s'acordent ansanble
Que ja mes ne respassera,
Ne ja none ne passera,
Et se tant vit, dont au plus tart
An prandra Dex l'ame a sa part[136].

Remarquons que le motif du signe falsifié se trouve employé
en alternance avec celui de l'enchantement, ce qui fait enrichir

---

[134] *Chevalier de la Charrete*, vv. 402-409.
[135] *Ibidem*, vv. 5252 ss.
[136] *Cligés*, vv. 5677-5684.

l'action dramatique de l'œuvre, mais aussi aide à trouver la so-
lution d'une situation impossible à résoudre humainement.

Un groupe particulier des facteurs provoquant la fausse
connaissance est constitué par les sentiments feints. Nous ren-
controns, dans les textes chrétienesques, trois exemples de pa-
reils sentiments. Tel Cligés qui feint la douleur à la fausse nouvelle de la maladie de Fénice :

Cligés cui cist moz atalante
S'an vet feisant chiere dolante,
Qu'ainz si dolante ne veïstes.
Molt puet estre par defors tristes,
Mes ses cuers est si liez dedanz,
Car a sa joie est atendanz[137],

ou Méléagant qui, en revenant de la cour du roi Arthur et dési-
rant paraître honnête devant son père, fait semblant d'être fier
de sa proposition faite au roi Arthur :

Devant lui, por ce que il pere
qu'il est preuz et de grant afeire,
comança un sanblant a feire
et une chiere merveilleuse[138].

De même, la reine Guenièvre, à la vue de Lancelot, son libé-
rateur de la prison du royaume de Gorre, l'accueille avec réserve et longtemps encore garde la même attitude malgré l'amour
qu'elle porte au fond de son cœur :

Quant la reïne voit le roi,
qui tient Lancelot par le doi,
si c'est contre le roi dreciee
et fet sanblant de correciee,
si s'anbruncha et ne dist mot[139].

---

137   *Ibidem*, vv. 5621-5626.
138   *Chevalier de la Charrete*, vv. 6230-6233.
139   *Ibidem*, vv. 3937-3941.

Les sentiments feints dissimulent alors les vrais sentiments et le véritable état d'âme des protagonistes.

***

Les exemples présentés témoignent de l'insuffisance du regard des yeux dans le processus de la connaissance. Certaines circonstances, qui dépassent les normes et les principes de la connaissance ordinaire, peuvent devenir une cause de la fausse connaissance. Peu importent alors le caractère de ces circonstances (objectives, subjectives, provoquées) ou l'état de l'observateur (digne, indigne, capable ou incapable de connaître la vérité) : les yeux se révèlent un organe impuissant à acquérir une pleine connaissance. Il faut alors une intervention particulière du regard du cœur, du regard prophétique ou, tout simplement, des coïncidences, pour saisir la réalité telle qu'elle est et non comme telle qu'elle se présente. Cette relation et, en conséquence, cette complémentarité permettent de constater la double structure du regard et de la connaissance que nous avons déjà signalée dans la partie portant sur le regard des yeux et celui du cœur.

ۑ

III. Le regard et l'amour

Si le regard joue un rôle considérable dans le processus de la connaissance acquise par les protagonistes chrétienesques, il se montre encore plus important dans la naissance et le développement de leur amour.

La passion amoureuse envahit les amants lorsque leurs yeux se rencontrent. Tout se joue dans cet échange total, profond et imprévu : il marque de son sceau ceux qui le subissent, mais aussi leur entourage. Le regard métamorphose l'univers, subordonné désormais aux lois de l'amour.

Ayant ouvert la voie à l'amour, l'action des yeux l'entretient, car privée de cet appui, la passion serait condamnée à mourir. Le regard nourrit alors ce qu'il avait fait naître. Faire aimer et encourager à aimer : c'est sur cette double fonction du regard que se concentre la suite de la présente analyse.

1. La naissance de l'amour

Parmi les scènes de la première rencontre, tellement développées dans les romans chrétienesques, il y en a qui méritent une étude particulière : ce sont les scènes de la première rencontre qui entraînent la naissance de l'amour.

Pour comprendre la théorie de l'amour que Chrétien expose, il importe, d'abord, d'examiner les commencements de l'amour. D'autant plus que la description de la naissance de l'amour constitue un motif privilégié des romans antiques et courtois du XIIᵉ siècle.

Dans son étude consacrée au développement de l'esprit courtois dans les littératures d'oc et d'oïl, Jean Frappier constate : « la courtoisie du Moyen Age est beaucoup plus qu'un code de politesse et de galanterie. Elle englobe aussi un art d'aimer. Elle s'approfondit et se développe en une psychologie et une morale de l'amour. C'est par ce trait essentiel que la littérature courtoise – chanson lyrique et roman – s'oppose à la chanson de geste qui ne s'attarde pas aux souffrances et aux joies des amants. On rencontre bien dans nos vieux poèmes épiques des personnages féminins non dénués de pathétique ni de grandeur (la belle Aude, Guibourc). Mais l'amour n'y est peint, dirait-on, que par accident. Les héros, à de rares exceptions près, semblent l'ignorer totalement. La femme paraît seule à l'éprouver, en coup de foudre presque toujours »[1]. Précisons, à la lumière de cette opinion, qu'il n'y a que l'amour courtois qui constitue le domaine d'intérêt de notre étude. L'amour courtois et non la courtoisie considérée comme un ensemble de règles de bonne conduite garnies d'élégance mais privées d'un profond sentiment[2]. D'autre part, nous n'allons pas non plus prendre

[1] J. Frappier, *Amour courtois et Table Ronde*, Genève 1973, p. 2.

[2] Tel Gauvain et ses rencontres avec les dames ou les demoiselles ; pour une opinion critique sur le personnage de Gauvain, voir le commentaire de J. Frappier : « Bien entendu, il n'y a pas lieu de considérer comme des amants courtois des personnages du *Conte du Graal* tels que l'Orgueilleux de la Lande et surtout le volage Gauvain » (*ibidem*, p. 73, note 26).

en considération les rencontres où le sentiment présenté est la
passion brutale, le désir ambitieux ou purement érotique[3].

**

Sur le nombre total de 168 premières rencontres citées dans les
romans de Chrétien, il n'y en a que cinq qu'on pourrait qualifier de rencontres qui font naître l'amour : quatre qui mènent
à un amour réciproque – la rencontre d'Erec et Enide (*Erec
et Enide*, vv. 443 ss.), celle d'Alexandre et Soredamor (*Cligés*,
vv. 459 ss.), celle de Cligés et Fénice (*Cligés*, vv. 2760-2778),
celle d'Yvain et Laudine (*Yvain*, vv. 1144 ss.) – et une, par suite
de laquelle, l'amour naissant ne trouve pas de réponse : la rencontre d'Enide avec le comte vaniteux (vv. 3240 ss.). Cette dernière ne sera pas prise en considération car elle ne s'inscrit pas
dans le domaine de l'amour courtois.

La simple énumération des scènes indique déjà que l'auteur
a réservé ce type de premières rencontres aux protagonistes
de ses romans : les rencontres qui entraînent la naissance de
leur amour sont élitaires comme élitaire est le sentiment qui
les envahit.

Dans toutes ces rencontres le regard est présent comme
l'agent qui mène le jeu et déclenche une aventure amoureuse.
Chrétien constate lui-même :

Et ce que li uns l'autre voit,
Ne plus n'an puet dire ne feire,
Lor torne molt a grant contraire
Et l'amors acroist et alume[4].

---

[3]   Par exemple, la rencontre de Fénice avec Alis ou celle de Gauvain avec la *male
      pucele*.
[4]   *Cligés*, vv. 580-583.

La description du moment de la naissance de l'amour dépend du caractère du roman. Ainsi, par exemple, comme le remarque Katalin Halász, dans *Cligés*, Chrétien « s'attarde longuement sur la peinture de l'amour naissant [...] ; contrairement à sa méthode suivie dans *Erec* où l'amour naît d'un moment à l'autre, sans souffrance, sans débat intérieur »[5]. Par contre, dans l'*Yvain*, l'auteur s'oriente plutôt vers la psychologie de l'amour[6].

Le regard non seulement fait découvrir et révéler le sentiment qui est en train de naître, tout en participant activement à cette naissance, mais aussi constitue le support principal de la construction poétique du roman. Il s'agira donc d'étudier, d'un côté, l'action du regard dans le processus de la naissance de l'amour des amants et, de l'autre, d'examiner les moyens de la réalisation poétique des scènes des rencontres qui entraînent la naissance de ce sentiment. Précisons que par la notion de « naissance de l'amour » nous comprenons la phase de l'amour qui se montre non-déclarée : au moment où les amants révèlent l'un à l'autre leurs sentiments, ils pénètrent dans le domaine de l'amour mûrissant.

***

L'analyse des scènes des rencontres amoureuses révèle l'existence de quatre phases essentielles dans le processus de la naissance de l'amour :

---

[5] K. Halász, *Structures narratives chez Chrétien de Troyes*, Debrecen 1980, p. 96.

[6] K. Halász remarque à ce propos: « De plus, dans la peinture de cet amour, les monologues intérieurs, les dialogues tiennent une place importante – dans *Erec* les personnages n'analysent pas leurs propres sentiments amoureux – ces passages illustrent avant tout les conventions de l'amour courtois. Les passions, la vraie nature de l'amour doivent être cherchées ailleurs que dans les scènes proprement amoureuses » (*ibidem*, p. 98).

- la description de la beauté des amants (phase introductive) ;
- la rencontre directe des yeux des amants (phase du développement de l'action et de l'accroissement de la tension) ;
- la blessure amoureuse des yeux et du cœur (point culminant de la scène) ;
- la « trahison » des yeux qui deviennent des ennemis et ensuite des complices des amants (phase finale).

Les quatre phases peuvent subir des modifications dans leur réalisation poétique et présenter ainsi des variantes intéressantes pour l'étude du sujet proposé.

1.1. La manifestation de la beauté en tant que phase initiale de la naissance de l'amour

Il est significatif que dans les trois romans chrétienesques qui relatent la naissance du sentiment amoureux (*Erec et Enide, Cligés, Yvain*) chaque première rencontre des amants est précédée par la description de la beauté physique d'un ou de deux amants. Le fait n'est pas étonnant si l'on se souvient des rapports entre l'amour et la beauté établis dans la philosophie et l'esthétique antiques et médiévales dont Chrétien se révèle un continuateur fidèle.

L'étude de l'esthétique médiévale prouve que – malgré les changements de l'idéal de la beauté suivant les siècles et les écoles –, parmi les modèles proposés, celui de la beauté physique occupe une place considérable dans la valorisation de l'homme et de l'univers[7]. La sensibilité des auteurs antiques à ce genre de

---

[7]   Dans la Bible, nous retrouvons la même importance attribuée à la beauté ; en commentant le Livre d'Ezéchiel, Raymond Bréchet remarque : « Le roi de Tyr

beauté ainsi que leur désir d'imiter la beauté parfaite a abouti
à l'établissement des portraits-modèles qui ont constitué, pour
des siècles, des canons obligatoires pour des artistes travaillant
dans des domaines multiples. Edgar de Bruyne constate à ce
propos : « Le canon de la beauté humaine est transmis encore
par les descriptions poétiques, pratiquées comme exercices
dans les écoles de rhéteurs et pétrifiées dans des formules sco-
lastiques : les poètes médiévaux s'en inspirent avec respect.
Les innombrables „descriptiones" de la femme idéale ou de
l'homme parfait descendent donc de modèles vénérables et de
règles en usage dans les écoles du Bas-Empire. Ne signalons
que le portrait de Théodoric par Sidoine Apollinaire et celui de
la jeune fille-type dans les *Elégies* d'un contemporain de Boèce,
Maximien, „the last of the Roman poets" : dans ces deux descriptions on applique la rhétorique ancienne, telle qu'elle fut
exposée par les classiques, par Cicéron dans *De inventione* ou
par Horace dans l'*Art Poétique* »[8].

Chrétien de Troyes procède à la présentation de la beauté des
amants par le moyen du portrait[9]. Rappelons que, pour Philippe
Ménard, le portrait dans les romans courtois (y compris ceux
de Chrétien de Troyes) est « une forme „fixe" où apparaît l'intention comique des conteurs »[10]. Pourtant, le portrait remplit
chez Chrétien un rôle beaucoup plus complexe que celui d'offrir
« des sourires fugitifs qui se marquent par des hyperboles »[11].

---

alliait la sagesse à la beauté. C'est le comble de la perfection » (R. Bréchet, *Ezéchiel aujourd'hui ou Israël et les chrétiens dans le monde*, Genève 1979, p. 147).

[8]   E. de Bruyne, *L'Esthétique du Moyen Age, op. cit.*, pp. 21-22.

[9]   Sur les origines du portrait chez Chrétien, voir, par exemple, Ph. Ménard, *Le rire
et le sourire dans le roman courtois en France au Moyen Age (1150-1250), op. cit.*,
pp. 548-553.

[10]   *Ibidem*, p. 529.

[11]   *Ibidem*.

Il est curieux de constater que dans le cas de huit personnages-protagonistes des premières rencontres amoureuses (Erec-Enide, Alexandre-Soredamor, Cligés-Fénice, Yvain-Laudine), il n'y a que cinq portraits : un portrait masculin – celui de Cligés – et quatre portraits féminins. Il est difficile de répondre à la question de savoir pourquoi l'auteur fait l'exception justement dans le cas de Cligés. Est-ce dû au fait que la scène de la rencontre de Cligés avec Fénice est une scène construite sur le principe de l'équilibre où – pour illustrer la théorie de la lumière émanant de la rencontre de deux formes de la beauté[12] – Chrétien a besoin du cadre de la beauté parallèle, presque de la beauté-miroir ?

Les portraits féminins créés par Chrétien comportent bien des éléments communs, typiques du topos du portrait médiéval de la femme[13] :

Plus ot que n'est la flors de lis
cler et blanc le front et le vis ;
sor la color, par grant mervoille,
d'une fresche color vermoille,
que Nature li ot donee,
estoit sa face anluminee[14].

[...] et le cler vis,
Com la rose oscure le lis,
Einsi come li lis esface,
Por bien anluminer la face[15].

* * *

---

[12]   Nous reviendrons à ce problème dans le chapitre portant sur le regard et la lumière.

[13]   Sur le caractère du portrait médiéval, voir E. R. Curtius, *La Littérature européenne et le Moyen Age latin, op. cit.*, pp. 223-225.

[14]   *Erec et Enide*, vv. 427-432 ; portrait d'Enide.

[15]   *Cligés*, vv. 809-812 ; portrait de Soredamor.

Si oel si grant clarté randoient
que deus estoiles ressanbloient[16].

Mes an tot ce n'a riens a dire,
Qui la clarté des ialz remire[17].

* * *

De la boche ne di ge pas
Que vers li ne soit cristax trobles[18].

[...] nus cristauz ne nule glace
n'est si clere ne si polie[19].

Un des éléments du portrait, conseillé par les arts poétiques
antiques et médiévaux, était un éloge de soins donné par Dieu
ou par Nature à la création du jeune homme ou de la jeune fille.
Chrétien suit fidèlement ce précepte :

Ce fu miracles et mervoille
C'onques a sa paroille ovrer
Ne pot Nature recovrer[20].

Oïl voir, bien le puis jurer,
onques mes si desmesurer
ne se pot an biauté Nature,
que trespasse i a mesure,
ou ele, espoir, n'i ovra onques[21].

Les analogies relevées dans les exemples cités témoignent
de l'emploi fréquent des *topoï* poétiques hérités de l'Antiquité. Le phénomène de l'idéalisation du beau, visible dans

---

[16] *Erec et Enide*, vv. 433-434 ; portrait d'Enide.

[17] *Cligés*, vv. 803-804 ; portrait de Soredamor.

[18] *Ibidem*, vv. 830-831 ; portrait de Soredamor.

[19] *Chevalier au Lion*, vv. 1486-1487 ; portrait de Laudine.

[20] *Cligés*, vv. 2692-2694 ; portrait de Fénice.

[21] *Chevalier au Lion*, vv. 1495-1499 ; portrait de Laudine.

la construction des portraits amoureux, qui consiste en accumulation des traits exceptionnels de la personne décrite et qui mène à créer une beauté absolue, n'est pas non plus invention de Chrétien[22]. En reprenant les lieux communs du topos du portrait féminin, Chrétien se montre continuateur d'une longue tradition poétique. Continuateur et en même temps imitateur. Son originalité réside plutôt dans la disposition de ces lieux communs, dans la construction du portrait lui-même ainsi que dans l'insertion du portrait dans le texte du roman. Remarquons que Chrétien, tout en suivant les préceptes des arts poétiques de l'Antiquité quant à l'emploi des éléments particuliers du portrait, ne respecte pas la technique du portrait recommandée par les mêmes arts poétiques. Cette technique exigeait en fait que l'auteur procède par la présentation des traits successifs, en suivant un ordre descendant : la physionomie – la description du corps – le vêtement[23]. L'analyse des portraits amoureux révèle qu'aucun d'eux ne suit strictement l'ordre mentionné[24].

Dans les épisodes évoqués, par trois fois (le portrait d'Enide, celui de Soredamor et celui de Laudine) l'auteur construit ce qu'on pourrait appeler un « double portrait » : le portrait enregistré d'abord par les yeux du narrateur (portrait « objectif »)

---

[22] C'est Jean Frappier qui emploie le terme de « l'idéalisation du beau » en parlant de l'esthétique de la stylisation dans l'*Yvain* : « les portraits du vilain et de la demoiselle hideuse relèvent d'une esthétique de la stylisation, tout comme ceux de la beauté parfaite ; l'idéalisation du laid – ou la peinture d'une laideur absolue par l'accumulation et l'exagération de traits caractéristiques – était un précepte des arts poétiques au même titre que l'idéalisation du beau » (J. Frappier, *Le Roman breton. 'Yvain ou Le Chevalier au Lion', op. cit.*, p. 118).

[23] Cf. E. Faral, *Les Arts poétiques du XII⁰ st du XIII⁰ siècle*, Paris 1962.

[24] Le seul portrait où Chrétien reste fidèle à l'ordre établi de la description est celui du vilain dans l'*Yvain* (vv. 294-313).

de la beauté de l'amant(e) et le portrait réalisé avec les yeux de l'amant(e) (portrait « amoureux »). Ce double registre joue un rôle particulier dans le processus de la naissance de l'amour. Le portrait « objectif » est destiné plutôt au lecteur : il le prépare au spectacle de la beauté extraordinaire qui va se dérouler tout à l'heure devant ses yeux et, en même temps, justifie le choix amoureux des protagonistes. L'auteur prépare un cadre pour la rencontre même. L'étape suivante c'est la rencontre directe des amants et – ce qui en résulte – le portrait « amoureux », donc la réception subjective et l'admiration de la beauté qui se manifeste chez l'un des protagonistes.

Dans le cas d'Enide, les deux portraits diffèrent par leur longueur ainsi que par leur construction poétique. Le portrait « objectif » d'Enide occupe 40 vers (vv. 402-441), le portrait « amoureux » – 7 vers (vv. 1471-1477). Le premier est un portrait fort poétique, contenant un nombre considérable de métaphores, de comparaisons, d'allégories. Le deuxième est une description sobre, réaliste, pauvre en figures rhétoriques.

Dans le cas de Soredamor, les proportions entre le portrait « objectif » et « amoureux » sont le renversement de celles du portrait d'Enide : le portrait « objectif » se limite à deux lignes (vv. 445-446) tandis que le portrait « amoureux » occupe 88 lignes (vv. 762-849). Celui-ci devient plus subjectif à cause de l'emploi du pronom personnel « je » (dans un monologue classique, construit selon les règles de l'Antiquité) et plus poétique grâce à l'emploi de la métaphore du dard d'Amour. Cette préférence accordée par l'auteur au portrait « amoureux » semble liée au caractère contemplatif du monologue d'Alexandre.

Une situation analogue se présente dans le cas du portrait de Laudine : le portrait « objectif » est réduit à deux lignes, à une simple constatation de la beauté de la dame : « vint une des plus beles dames / c'onques veïst riens terrïene »[25].

Par contre, le portrait « amoureux » s'y montre plus développé (vv. 1465-1503). Comme celui de Soredamor, il est très subjectif, du fait de l'emploi du pronom personnel « je » : l'amant lui-même parle de la beauté de sa bien-aimée. La présentation des éléments particuliers de la beauté est coupée par des exclamations et des commentaires d'Yvain grâce aux yeux duquel nous découvrons Laudine. Ce style « haché » du monologue ajoute de la spontanéité et de la vivacité au schéma du portrait (bien que peu fidèlement suivi, car l'ordre classique de la description n'y est pas gardé). Cette innovation semble résulter du caractère de la composition d'*Yvain* qui, comme le remarque K. Halász, « est un roman où „la discussion" [...] est plus fréquente »[26] et qui, d'autre part, est « pauvre en description »[27]. En même temps, elle l'approfondit puisque non seulement nous découvrons des sensations extérieures du héros, mais aussi ses sentiments intérieurs : l'action des yeux y rejoint celle du cœur.

Les deux autres portraits – celui de Cligés (vv. 2721-2752) et celui de Fénice (vv. 2677-2712) – sont des portraits « simples », de caractère moins émotionnel : c'est le narrateur qui les fait découvrir au lecteur. La rencontre des amants est extrêmement dynamique, concentrée sur l'action des yeux – sur leur échange réciproque. L'élément du portrait « amoureux » s'y trouve éliminé.

Le portrait joue ainsi chez Chrétien un double rôle : d'un côté, il est la réalisation d'une convention poétique, un canon

25 *Ibidem*, vv. 1146-1147.
26 K. Halász, *Structures narratives chez Chrétien de Troyes, op. cit.*, p. 37.
27 *Ibidem*, p. 86.

obligatoire pour que l'œuvre soit appréciée par le public, d'autre part, sa présence se montre utile pour la continuité de la narration, surtout dans le cadre des scènes de premières rencontres amoureuses.

1.2. La rencontre des yeux des amants

Après la phase introductive, l'auteur développe les scènes des rencontres amoureuses par l'emploi du topos de la rencontre directe des yeux des amants. Ce topos, lui aussi, est un héritage de la poétique antique et non une idée originale de Chrétien.

Parmi les épisodes relatant des rencontres amoureuses, une seule scène de la première rencontre relate explicitement la rencontre directe des yeux des amants (celle de Cligés avec Fénice[28]). Dans trois scènes (la rencontre d'Erec avec Enide, celle d'Alexandre avec Soredamor et celle d'Yvain avec Laudine), le moment même de la rencontre des yeux des amants n'est pas décrit. L'on ne peut que supposer sa présence.

Les variantes du topos analysé semblent liées non seulement au style du roman, mais aussi au caractère de l'amour présenté. Contrairement à l'amour d'Alexandre et de Soredamor, celui de Cligés et de Fénice est un sentiment violent : c'est un coup de foudre qui envahit les jeunes dès la première rencontre[29] :

Mes Clygés par amors conduit
Vers li ses ialz covertemant

---

[28] Cf. *Cligés*, vv. 2760-2778.

[29] Sur le topos du coup de foudre dans les littératures antique et médiévale, voir Ph. Ménard, *Le rire et le sourire dans le roman courtois en France au Moyen Age (1150-1250)*, *op. cit.*, pp. 193-201.

Et ramainne si sagemant
Que a l'aler ne au venir
Ne l'an puet an por fol tenir,
Mes deboneiremant l'esgarde,
Et de ce ne se prenent garde
Que la pucele a droit li change.
Par boene amor, non par losange,
Ses ialz li baille et prant les suens.
Molt li sanble cist changes buens,
Et miaudres li sanblast a estre,
S'ele seüst point de son estre ;
N'an set plus mes que bel le voit,
Et s'ele rien amer devoit
Por biauté qu'an home veïst,
N'est droiz qu'aillors son cuer meïst.
Ses ialz et son cuer i a mis,
Et cil li ra son cuer promis[30].

Chrétien ne s'attarde pas à de longs monologues analytiques et abandonne « un procédé, qui lui est cher, de révélation par étapes »[31] : la scène de la rencontre de Cligés avec Fénice est dynamique comme dynamique est le sentiment qu'elle décrit. Chrétien reflète en ce procédé le style typique des romanciers courtois qui « ne cherchent pas à suggérer le lent cheminement de l'amour dans les cœurs. [...] Presque toujours le coup de foudre est de rigueur. A peine le héros voit-il un personnage de l'autre sexe qu'il s'en éprend sur le champ. D'emblée, l'amour s'empare des cœurs »[32]. D'autre part, la scène de la rencontre directe des yeux des amants enrichit le texte du roman sur le plan de l'expression externe et interne.

---

[30] Cligés, vv. 2760-2778.

[31] J. Frappier, Le Roman breton. 'Yvain ou Le Chevalier au Lion', op. cit., p. 15.

[32] Ph. Ménard, Le rire et le sourire dans le roman courtois en France au Moyen Age (1150-1250), op. cit., p. 193.

1.3. La blessure amoureuse des yeux et du cœur

La troisième étape de la rencontre amoureuse et, en même temps, son point culminant c'est la scène de la blessure amoureuse des yeux et du cœur. Chrétien suit ici l'art d'Ovide tout en l'enrichissant de sa propre invention poétique. Précisons que suivre l'art d'Ovide ne veut pas dire imiter littéralement Ovide. Comme le rappelle Marcelle Altieri, Chrétien connaissait tout aussi bien Ovide que d'autres sources contenant son enseignement[33].

Le motif du dard d'Amour qui pénètre par les yeux de l'amant pour atteindre et blesser son cœur apparaît dans deux romans de Chrétien : *Cligés* et *Yvain*[34]. Certains critiques se révèlent sévères quant à l'emploi de ce motif par Chrétien. Brian Woledge, par exemple, le considère comme un simple cliché et la moins originale des métaphores employées par le poète pour peindre l'état d'âme d'Yvain (vv. 1360-1409) : « Parmi les différentes figures exploitées ici par Chrétien, il y a au moins un cliché : 'par les ialz el cuer le fiert' (1372, WF 1368), mais les autres expressions sont plus originales »[35]. Pourtant, il ne faut pas oublier que ce « simple cliché » a su être employé par Chrétien comme l'une des composantes les plus originales de la peinture de l'amour.

---

[33] M. Altieri, *Les romans de Chrétien de Troyes. Leur perspective proverbiale et gnomique, op. cit.*, p. 99.

[34] Dans *Chevalier de la Charrete*, le motif de la blessure amoureuse est aussi présent (vv. 1336-1342), mais dans un contexte différent et de façon marginale. Et surtout, il ne s'agit pas là des scènes de la première rencontre amoureuse ; nous excluons donc ce roman du champ de notre analyse.

[35] B. Woledge, *Commentaire sur* Yvain *(Le Chevalier au Lion) de Chrétien de Troyes, t. I, vv. 1-3411, op. cit.*, p. 110.

Les deux romans (*Cligés* et *Yvain*) utilisent le motif de la blessure amoureuse dans le même contexte (la description de la naissance de l'amour) ; ils varient cependant quant au moyen d'introduire le motif dans le texte. Dans *Cligés*, où « le contenu didactique est riche en remarques sur l'amour dont l'origine ovidienne a été établie de longue date »[36], l'auteur l'insère dans le monologue (celui d'Alexandre, vv. 682-707), mais aussi dans la narration du roman (vv. 454-455) ; dans l'*Yvain* – dans la narration (vv. 1366-1381) et, implicitement, dans le dialogue d'Yvain avec Laudine (vv. 2017-2025). Les trois usages supposent un cadre amoureux différent : le monologue laisse plus de place pour une analyse détaillée du sentiment, en conséquence de quoi le motif de la blessure de l'Amour s'y montre plus développé et plus subtil. Guy Raynaud de Lage remarque dans son analyse du procédé de *correctio* chez Chrétien que celui-ci l'utilise justement dans le contexte lié au monologue et aux dialogues fictifs, en réservant cette figure « pour traduire le désarroi des amoureux, surtout celui des amoureuses »[37].

Le monologue permet donc l'idéalisation du motif et, en même temps, l'idéalisation du sentiment décrit. Par contre, le dialogue et la narration impliquent une dimension plus réaliste du motif et du sentiment[38]. Comparons les passages suivants :

---

[36] M. Altieri, *Les romans de Chrétien de Troyes. Leur perspective proverbiale et gnomique, op. cit.*, p. 99.

[37] G. Raynaud de Lage, *Les premiers romans français et autres Etudes Littéraires et Linguistiques*, Genève 1976, p. 164.

[38] B. Woledge, en se prononçant sur le rôle et les possibilités qu'offrent le monologue et le dialogue dans les romans de Chrétien, constate : « En écrivant pour ses principaux personnages des monologues, Chrétien a suivi une tradition qui remonte, à travers Wace et les romans d'Antiquité, à la littérature gréco-latine. Il connaissait sans doute des monologues de Virgile et d'Ovide. Un

Cligés	Yvain
Bien a Amors droit assené : El cuer l'a de son dart ferue*.	Bien a vangiee, et si nel set, la dame la mort son seignor ; vangence en a feite greignor, que ele panre n'an seüst, s'Amors vengiee ne l'eüst, qui si dolcemant le requiert que par les ialz el cuer le fiert ; et cist cos a plus grant duree que cos de lance ne d'espee : cos d'espee garist et sainne molt tost, des que mires i painne ; et la plaie d'Amors anpire quant ele est plus pres de son mire. Cele plaie a mes sire Yvains, dom il ne sera ja mes sains, qu'Amors s'est tote a lui randue**.

monologue bien écrit devait être, à ses yeux et à ceux de ses auditeurs courtois, un élément qui contribuait beaucoup au succès d'un roman [...]. Mais la
composition d'un bon monologue posait à Chrétien des problèmes auxquels
il n'avait pas à faire face en écrivant des dialogues. Pour écrire un dialogue,
Chrétien n'avait qu'à écouter parler ses contemporains et à transposer leurs
paroles en octosyllabes. Comme il avait l'oreille très fine et comme il était aussi très sensible aux nuances psychologiques et à la façon dont les sentiments
se traduisent en vocabulaire et en syntaxe, il a écrit des dialogues qui sont des
merveilles. Pour les monologues, au contraire, il n'avait pas le même genre
de modèles. Il pouvait observer sa propre vie intérieure, s'écouter penser, et
il pouvait copier des modèles littéraires. Le dosage d'observation personnelle
et de convention littéraire ne devait pas être facile à calculer » (B. Woledge,
Commentaire sur Yvain (Le Chevalier au Lion) de Chrétien de Troyes, t. I, vv.
1-3411, op. cit., pp. 111-112).

Cligés	Yvain
Ja n'i pert il ne cop ne plaie,	– Dame, fet-il, la force vient
Et si m'an plaing ? Don n'ai ge tort ?	de mon cuer, qui a vos se tient ;
Nenil, qu'il m'a navré si fort,	an ce voloir m'a mes cuers mis.
Que jusqu'au cuer m'a son dart trait,	– Et qui le cuer, biax dolz amis ?
Mes ne l'a pas a lui retrait.	– Dame, mi oel. – Et les ialz qui ?
Comant le t'a donc trait el cors,	– La granz biautez que an vos vi.
Quant la plaie ne pert de fors ?	– Et la biautez qu'i a forfet ?
Ce me diras : savoir le vuel !	– Dame, tant que amer me fet.
Comant le t'a il tret ? Par l'uel.	– Amer ? Et cui ? – Vos, dame
Par l'uel ? Si ne le t'a crevé ?	chiere****.
A l'uel ne m'a il rien grevé,	
Mes au cuer me grieve formant.	
Or me di donc reison comant	
Li darz est par mi l'uel passez,	
Qu'il n'an est bleciez ne quassez.	
Se li darz parmi l'uel i antre,	
Li cuers por coi s'an dialt el vantre,	
Que li ialz ausi ne s'an dialt,	
Qui le premier cop an requialt ?	
De ce sai ge bien reison randre :	
Li ialz n'a soin de rien antandre,	
Ne rien ne puet feire a nul fuer,	
Mes c'est li mereors au cuer,	
Et par ce mireor trespasse	
Si qu'il ne blesce ne ne quasse,	
Le san don li cuers est espris***.	

*   *Cligés*, vv. 454-455. M. Altieri qualifie ce passage de « phrase proverbiale » (*Les romans de Chrétien de Troyes. Leur perspective proverbiale et gnomique*, op. cit., p. 93), tout en considérant qu'à l'époque de Chrétien les préceptes amoureux d'Ovide étaient devenus proverbiaux (*ibidem*, p. 100).

**   *Chevalier au Lion*, vv. 1366-1381.

*** *Cligés*, vv. 682-707.

*****Chevalier au Lion*, vv. 2017-2025.

La disposition des deux passages dans chacun des romans est différente. Dans *Cligés*, une brève annonce narrative de la blessure amoureuse est un prélude au développement du motif effectué dans le monologue qui suit. De plus, la plaie amoureuse atteint ici les deux amants : Soredamor et Alexandre. Par contre, dans l'*Yvain*, il n'y a que le protagoniste qui en est blessé et en souffre. La partie narrative est placée également dans un passage initial, mais elle n'est pas un simple prélude. Elle constitue, en plus, un développement qui va trouver sa réminiscence dans la partie dialoguée du roman.

1.4. Les yeux ennemis et complices des amants

La notion de la plaie amoureuse implique celle du combat. Les protagonistes, avant de devenir amants, sont les victimes de la *felonie* de l'Amour. Celui-ci, personnifié, représente leur adversaire, les blesse et cause leur souffrance[39]. Alexandre découvre avec surprise :

Comant ? Set donc Amors mal faire ?
Don n'est il dolz et debonaire ?
Je cuidoie que il eüst
En Amor rien qui boen ne fust,
Mes je l'ai molt felon trové[40].

---

[39] Remarquons que le vocabulaire utilisé dans ces contextes par Chrétien appartient au domaine du vocabulaire militant. Nous trouvons ainsi, dans l'*Yvain* : *anemie* (v. 1364), *a vangiee* (vv. 1366, 1370), *vangence* (v. 1368), *fiert* (v. 1372), *lance* (v. 1374), *espee* (vv. 1374, 1375), *plaie* (vv. 1377, 1379) ; dans *Cligés* : *a droit asené* (v. 454), *el cuer l'a de son dart ferue* (v. 455), *de traïson encuse* (v. 468), *jusqu'au cuer m'a son dart trait* (v. 685) etc.

[40] *Cligés*, vv. 659-663.

L'idée de l'Amour-archer causant la souffrance amoureuse remonte à la mythologie grecque ; le mythe d'Eros a été ensuite repris par les poètes antiques[41]. C'est le Moyen Age qui l'a modifié en ajoutant – sous l'influence d'Ovide[42] – le motif du mal d'Amour. Chrétien reprend le topos dans toute la richesse de ses nuances : le mal d'Amour est une conséquence directe et immédiate de l'attaque de l'Amour. Ce type de situation est présent dans deux romans : *Cligés* et *Yvain*. Quant à *Erec et Enide*, l'amour y est traité comme un sentiment tendre, intense, parfois violent, mais jamais ennemi.

Dans un seul roman, *Cligés*, l'auteur recourt à une idée particulière qui enrichit le topos de l'Amour guerroyant : pour triompher des amants, l'Amour trouve des complices, les yeux. Chrétien illustre cette idée dans le monologue de Soredamor et, ensuite, dans celui d'Alexandre. Soredamor, atteinte par le dard d'Amour, « ses ialz de traïson encuse »[43]. Elle exprime ensuite sa plainte :

« [...] Oel, vos m'avez traïe ;
Par vos m'a mes cuers anhaïe,
Qui me soloit estre de foi »[44].

Cette apostrophe, adressée directement aux yeux, fait croître la tension dramatique et psychologique de la scène.

La plainte d'Alexandre est construite suivant le même schéma :

---

[41] L'idée de l'amour conçu comme maladie apparaît, par exemple, chez Platon (*Phèdre*, 255b-256b).

[42] Cf. W. Schroetter, *Ovid und die Troubadours*, Halle 1908, pp. 62-72 ; K. Heil, *Die Theorie der Minne in den Ältesten Minneromanen Frankreichs*, Marburg 1911, pp. 76-80 ; E. Faral, *Recherches sur les sources latines des contes et romans courtois*, Paris 1913, pp. 133-143.

[43] *Cligés*, v. 468.

[44] *Ibidem*, vv. 469-471.

« Je cuidoie avoir trois amis,
Mon cuer et mes deus ialz ansanble ;
Mes il me heent, ce me sanble »[45].

La suite du monologue adopte la forme d'une apostrophe
rhétorique :

« Ha, Dex, ou sont mes mi ami,
Quant cist troi sont mi anemi,
Qui de moi sont et si m'ocïent ? »[46]

Il est significatif que Chrétien n'intervient pas – en tant
qu'auteur – pour confirmer ou nier cette accusation des yeux ;
elle devient ainsi une remarque subjective, formulée sous l'influence de la passion qui envahit les amants.

Complices de l'Amour, les yeux deviennent les ennemis des
amants puisqu'ils laissent passer le dard d'Amour sans y op-
poser la moindre résistance. Cette relation se fait également
découvrir dans une étape initiale de la scène de la naissance de
l'amour. Atteints par l'Amour, les amants cherchent du recon-
fort et de la consolation auprès de leurs propres yeux :

Mes de toz amanz est costume
Que volantiers peissent lor ialz
D'esgarder, s'il ne pueent mialz[47].

Dans la suite du récit, Soredamor explique :

« Et mon vuel toz jorz le verroie
Ja mes ialz partir n'an querroie,
Tant m'abelist, quant je le voi »[48].

L'épisode contenant le récit de la naissance de l'amour de
Soredamor et d'Alexandre témoigne de la transformation

---

[45]   *Ibidem*, vv. 746-748.

[46]   *Ibidem*, vv. 749-751.

[47]   *Ibidem*, vv. 584-586.

[48]   *Ibidem*, vv. 915-917.

du motif des yeux-ennemis en celui des yeux-complices des amants. Il est le seul à rendre ce rôle complexe des yeux : complexe car à la fois négatif et positif. Dans d'autres récits qui relatent la naissance de l'amour des amants, les yeux sont présentés uniquement comme des complices : en ouvrant à l'amour le chemin vers le cœur, ils font naître la passion pour ensuite la nourrir. Ainsi Fénice :

A une fenestre est assise
Ou molt se delite asseoir,
Por ce que d'iluec pot veoir
Celui qui son cuer a repost[49].

A Clygés esgarder estrive,
Sel siust des ialz, quel part qu'il aille[50].

De son côté, Yvain trouve la consolation de son amour désespéré en regardant Laudine du haut de la fenêtre :

Par mi cele fenestre agueite
mes sire Yvains la bele dame[51].

L'amour d'Erec pour Enide croît, lui aussi, grâce à l'action des yeux : « De l'esgarder ne puet preu faire : / quant plus l'esgarde et plus li plest »[52].

L'identification des yeux aux ennemis, mais aussi aux complices des amants, constitue la dernière étape de la naissance de leur amour. En particulier, la transformation que subissent les yeux (des complices de l'Amour en complices des amants), est une étape à partir de laquelle le sentiment commence à mûrir.

---

[49]   *Ibidem*, vv. 2854-2857.
[50]   *Ibidem*, vv. 2872-2873.
[51]   *Chevalier au Lion*, vv. 1286-1288.
[52]   *Erec et Enide*, vv. 1466-1467.

* * *

Les premières manifestations de l'amour sont liées dans les romans chrétienesques à l'action du regard. Comme le remarque Philippe Ménard, l'amour naissant est un monde clos ; l'heure de l'aveu marque la fin de la solitude et du silence[53]. Il serait pourtant difficile d'accepter sans réserve une autre remarque de cet auteur, faite à propos du caractère statique et égocentrique des scènes relatant la naissance de la passion amoureuse : « La déclaration est un moment privilégié. Jusqu'alors l'amoureux était plutôt passif et enfermé en lui-même. La déclaration représente la première initiative de l'amoureux »[54]. Les analyses effectuées dans le présent chapitre démontrent que les scènes de la naissance de l'amour sont dotées d'un grand dynamisme dû à l'action des yeux et que la première initiative des amants est liée au regard.

2. Le développement de l'amour

Le regard, tellement présent dans la naissance de l'amour des amants, ne disparaît pas lors du développement de cet amour. Il arrive bien qu'il s'éclipse et qu'il cède la place aux autres moyens de communication (la parole ou le geste), mais cet effacement est plutôt rare : le schéma du développement de l'amour suppose, le plus souvent, la présence du regard.

Les textes analysés permettent de relever quatre types de situation où le regard manifeste sa présence dans l'accroissement

---

[53]   Cf. Ph. Ménard, *Le rire et le sourire dans le roman courtois en France au Moyen Age (1150-1250)*, *op. cit.*, p. 201.

[54]   *Ibidem.*

du sentiment amoureux. Il s'agit des épisodes où le regard devient guide dans la quête amoureuse, nourrit l'amour, est soumis à l'épreuve ou subit une transformation.

2.1. Le regard guide dans la quête amoureuse

Parmi tous les romans chrétienesques il n'y en a qu'un – celui du *Chevalier de la Charrete* – où, dans le processus du développement de l'amour, le regard garde sa fonction principale du facteur dynamisant l'action du roman. En fait, c'est le seul roman où la phase de la naissance de l'amour est absente : le personnage de Lancelot y intervient dans l'épisode relatant sa quête de la reine.

Nous n'assistons pas à la scène de la première rencontre des amants qui est en fait éclipsée du roman : Lancelot est présenté comme chevalier déjà amoureux de Guenièvre. Sa quête est distincte de toutes les autres quêtes (celles d'Erec, d'Yvain et de Perceval) par son caractère amoureux, strictement subordonné à l'amour de la reine et nettement défini par son but. Si Erec et Yvain cherchent en premier lieu des aventures et c'est à cause de ces aventures qu'ils rencontrent leurs *dames*, Lancelot cherche d'abord la reine et c'est grâce à cette recherche qu'il rencontre des aventures. Ce n'est plus la quête chevaleresque qui domine, mais celle amoureuse[55] dont les étapes sont marquées par les rencontres épisodiques de la reine ou les trouvailles des traces de la reine ; il est significatif que toutes ces étapes sont accompagnées du regard.

---

[55] Simone Gallien décrit ainsi l'attitude de Lancelot : « il est engagé corps et âme à la recherche de la reine et [...], dominé par l'amour qu'il lui porte, il se détache entièrement de tout amour de soi » (*La conception sentimentale de Chrétien de Troyes*, Paris 1975, pp. 73-74).

La première étape de la quête de Lancelot que nous découvrons dans le texte est marquée par la rencontre de la charrette de la mort menée par un nain qui, comme le suppose notre héros, sait où chercher la reine :

> Li chevaliers a pié, sanz lance,
> aprés la charrete s'avance
> et voit un nain sor les limons[56].

Le regard de Lancelot se confond avec celui de Gauvain : les deux voient la charrette, le regard de Gauvain est cependant plus large, il embrasse aussi Lancelot :

> [...] il revit par avanture
> le chevalier tot seul a pié,
> tot armé, le hiaume lacié,
> l'escu au col, l'espee ceinte,
> si ot une charrete atainte[57].

Le regard ne suffit pas pour indiquer à Lancelot la direction de la quête ; il lui indique cependant à qui s'adresser pour connaître cette direction. Il le guide en l'attirant vers un objet ou une personne liés à la reine. Comme le fait remarquer John Bednar, chez Chrétien de Troyes « la vue annonce toujours quelque chose »[58].

La deuxième étape de la quête, le séjour dans le château de la belle demoiselle, est marquée par une autre rencontre :

> [...] as fenestres devers la pree
> s'an vint li chevaliers pansis,
> cil qui sor la charrete ot sis,
> et esgardoit a val les prez[59].

---

[56]   *Chevalier de la Charrete*, vv. 345-347.

[57]   *Ibidem*, vv. 316-320.

[58]   J. Bednar, *La spiritualité et le symbolisme dans les œuvres de Chrétien de Troyes*, *op. cit.*, p. 90.

[59]   *Chevalier de la Charrete*, vv. 540-543.

De nouveau, la vue annonce quelque chose. Bientôt, un spectacle étrange va s'ouvrir devant les yeux de Lancelot et de la demoiselle du château :

> [...] virent porter une biere ;
> [...]
> Aprés la biere venir voient
> une rote, et devant venoit
> uns granz chevaliers qui menoit
> une bele dame a senestre.
> Li chevaliers de la fenestre
> conuist que c'estoit la reïne[60].

La scène est beaucoup plus condensée que la précédente : la rencontre avec le nain de la charrette était introduite par le regard – c'est l'action de la parole qui a suivi celle du regard. Ici, la scène est muette ; le poids de la construction narrative repose sur le regard :

> [...] de l'esgarder onques ne fine,
> molt antentis, et molt li plot,
> au plus longuemant que il pot[61].

Lancelot se trouve à la merci du regard. Quand la reine disparaît de sa vue, la rencontre est terminée :

> Et quant il ne la pot veoir,
> si se vost jus lessier cheoir
> et trebuchier a val son cors[62].

Cette brève constatation du narrateur permet de comprendre l'intensité du regard de Lancelot : ce n'est pas un simple regard qui observe, c'est le regard qui absorbe, en même temps, l'image observée et l'observateur. C'est déjà l'annonce du regard

---

[60]   *Ibidem*, vv. 552-561.
[61]   *Ibidem*, vv. 562-564.
[62]   *Ibidem*, vv. 565-567.

contemplatif[63]. Simone Gallien dira à ce propos : « Lancelot s'absorbe dans cette vision. Tout à sa contemplation, il e oublie sa quête »[64]. Gaston Paris évoque aussi cette image du chevalier immobile et pensif qui a « l'air de contempler le monde, mais dans ce monde, il ne voit et ne contemple que sa propre rêverie »[65].

Le « chevalier pensif » est tellement absorbé par le spectacle du cortège de la reine qu'il perd le contrôle de sa conscience : « et ja estoit demis defors »[66].

Heureusement, un autre regard, celui de Gauvain, aussi attentif, mais moins amoureux, intervient à temps et ramène le secours[67] : « quant mes sire Gauvains le vit; / sel trait arrieres »[68].

---

[63] Nous exprimons par cette constatation un avis polémique par rapport à celui de J. Bednar qui qualifie l'état de Lancelot de l'état maladif du chevalier « dont l'âme », de plus, « s'est égarée du droit chemin » (J. Bednar, *La spiritualité et le symbolisme dans les œuvres de Chrétien de Troyes, op. cit.*, pp. 91-92). Nous plaçons l'état de Lancelot au niveau de la contemplation amoureuse qui, par elle-même et surtout dans le contexte de la *fin'amor*, est un phénomène positif. Rappelons ici le sens du topos de l'amour-folie qui dans la doctrine de la *fin'amor* est qualifié comme signe de la qualité du chevalier. K. Halász présente aussi ce phénomène comme signe de prédestination de Lancelot : « Il ne pouvait atteindre son but qu'avec une volonté qui frôlait l'obsession et qui fixait elle-même les lois de la conduite et de l'action » (K. Halász, *Structures narratives chez Chrétien de Troyes, op. cit.*, p. 43), et elle constate : « C'est le comportement „irrégulier" qui est le plus efficace » (*ibidem*, p. 44). Voir aussi : Platon, *Phèdre*, 243 e-244 d : « le délire est pour nous la source des plus grands biens, quand il est l'effet d'une faveur divine » ; 244 d -245 c : « Gardons-nous donc de le redouter, et ne nous laissons pas troubler ni intimider par ceux qui disent qu'il faut préférer à l'amant agité par la passion l'ami maître de lui. [...] C'est pour notre plus grande félicité que cette espèce de délire nous a été donnée ».

[64] S. Gallien, *La conception sentimentale de Chrétien de Troyes, op. cit.*, p. 75.

[65] G. Paris, « Essai sur *Le Chevalier de la Charrette* », [dans :] *Romania* 1883, t. XII, p. 152.

[66] *Chevalier de la Charrete*, v. 568.

[67] J. Bednar appelle Gauvain, à l'occasion de cette scène, « symbole de la conscience » (J. Bednar, *La spiritualité et le symbolisme dans les œuvres de Chrétien de Troyes, op. cit.*, p. 91).

[68] *Chevalier de la Charrete*, vv. 568-570.

Les deux chevaliers reprennent leur quête ; le chemin leur est indiqué (cette fois-ci de façon directe) par le regard : « Isnelemant s'an vont par la / ou la reïne orent veüe »[69]. Une nouvelle rencontre les sépare bientôt : des deux chemins proposés, Lancelot poursuit celui qui mène au Pont de l'Epée. Dans cette quête solitaire, son regard subit une transformation singulière : « a cele seule panse tant / qu'il n'ot, ne voit, ne rien n'antant »[70].

Le rôle du regard semble terminé, car il s'éclipse ; Lancelot *panse*, cependant, dans le vocabulaire chrétienesque, *panser* veut dire aussi « contempler ». Lancelot « vit dans une autre sphère, celle de l'amour-obsession, sorte d'idolâtrie et de religion »[71]. Ainsi se fait découvrir, une fois de plus, le motif du regard contemplatif, différent de celui présent dans la scène de la contemplation du cortège de Guenièvre où il s'agissait d'un regard et d'une contemplation extérieurs, sensuels tandis que la description de l'état de Lancelot dans sa quête solitaire renvoie plutôt au regard et à la contemplation intérieurs. Le regard des yeux cède sa place de guide dans la quête amoureuse au regard du cœur qui dirige l'amant vers la vision intérieure de sa bien-aimée.

L'état de Lancelot ne dure pas longtemps : le contact avec l'eau froide du gué défendu éveille ses sens :

[...]
toz estormiz an estant saut,
ausi come cil qui s'esvoille,
s'ot, et si voit [...][72].

---

[69]   *Ibidem*, vv. 598-599.

[70]   *Ibidem*, vv. 723-724.

[71]   S. Gallien, *La conception sentimentale de Chrétien de Troyes*, op. cit., p. 74.

[72]   *Chevalier de la Charrete*, vv. 768-770.

Par suite de cette aventure, le regard reprend sa fonction de guide extérieur pour se concentrer sur l'image de la reine. Cette fidélité du regard est rappelée par Chrétien dans une scène amusante de la rencontre de notre héros avec la demoiselle amoureuse de lui, scène qui s'inscrit dans l'étape suivante de sa quête. Obligé par la demoiselle de coucher avec elle, « n'onques ne torne son esgart / ne devers li ne d'autre part »[73].

John Bednar dit à propos de cet épisode que notre héros « évite le toucher, la parole et le regard. Ce n'est donc pas surprenant que la demoiselle comprenne et le laisse dormir en paix. La pureté du chevalier reste intacte »[74]. En fait, la fidélité du regard est ici le synonyme de la fidélité du chevalier imposée par le code courtois.

L'épisode suivant de la quête est celui de l'arrivée de Lancelot (en compagnie de la demoiselle amoureuse citée) au perron de la fontaine où la reine avait laissé son peigne. Mario Roques pose, à l'occasion de cette scène, une hypothèse discrète, selon laquelle ce serait, peut-être, « pour jalonner son chemin à l'intention de ceux qui doivent la chercher »[75]. La demoiselle aperçoit, la première, le peigne en question et, jalouse, cherche à détourner le chemin de Lancelot. Elle n'y arrive pas, car celui-ci, guidé par son regard intérieur, continue son chemin et aperçoit finalement le peigne magnifique. La scène est symbolique : elle illustre non seulement la victoire du regard du cœur sur celui des yeux, mais aussi le triomphe du regard de l'amour sur celui de la jalousie.

Le passage qui suit fait partie du canon des textes de la littérature courtoise : apprenant que le peigne et les cheveux qui

---

[73]   *Ibidem*, vv. 1221-1222.

[74]   J. Bednar, *La spiritualité et le symbolisme dans les œuvres de Chrétien de Troyes*, *op. cit.*, p. 94.

[75]   M. Roques, « Introduction », [à :] *Chevalier de la Charrete*, p. XII.

y sont attachés appartiennent à la reine, Lancelot faillit, évanoui, tomber de cheval. L'état de l'évanouissement est suivi directement de celui de la contemplation des cheveux de la reine ; cette fois-ci, il s'agit de la contemplation qui s'identifie à l'adoration sensuelle[76] où le regard se fait bien présent :

Ja mes oel d'ome ne verront
nule chose tant enorer,
qu'il les comance a aorer,
et bien .cm. foiz les toche
et a ses ialz, et a sa boche,
et a son front, et a sa face[77].

L'effet de contemplation est d'autant plus puissant que Lancelot est en possession de l'objet qui appartient à sa bien-aimée.

Après avoir confronté plusieurs aventures que nous n'évoquons pas ici parce qu'elles restent sans importance pour le problème analysé, Lancelot arrive au Pont de l'Epée. Un épisode de plus où le regard manifeste sa présence, celle d'un guide erroné, car soumis à l'effet de l'enchantement, ce qui déçoit notre protagoniste :

Lors li remanbre et resovient
des deux lÿons qu'il i cuidoit
avoir veüz quant il estoit
de l'autre part ; lors s'i esgarde :

---

[76] M. Roques voit dans cette attitude de Lancelot un de ces « états d'extase ou d'inhibition de la conscience personnelle qui saisissent Lancelot [...] à la vue, à la voix, à la pensée de Guenièvre » (ibidem, p. XXIII). Voir aussi l'opinion de Ph. Ménard : « Passionnément épris de Guenièvre, amoureux extatique plongé dans des pensées et des méditations intérieures, Lancelot est une belle image de l'amant courtois poussant jusqu'à l'exaltation et l'extase l'ardent amour qu'il porte à sa Dame. Il représente assurément une des grandes façons de sentir et de vivre la passion amoureuse comme un absolu » (Ph. Ménard, « Modernité de Chrétien de Troyes », [dans :] La Vie en Champagne 1992, n° 428, p. 1).

[77] Chevalier de la Charrete, vv. 1460-1465.

n'i avoit nes une leisarde,
ne rien nule qui mal li face[78].

Le regard reprend sa puissance quand l'enchantement disparaît.

Le Pont de l'Epée est la dernière étape de la quête amoureuse de Lancelot : après l'avoir traversé, il pénètre dans le royaume de Bademagu où séjourne la reine emprisonnée. Ainsi, le regard termine-t-il son rôle de guide : il a amené l'amant au bout de sa quête.

2.2. Le regard qui nourrit l'amour

« Mes de toz amanz est costume / que volantiers peissent lor ialz / d'esgarder » : cette constatation de Chrétien, placée dans le fragment de *Cligés* qui relate la naissance de l'amour de Soredamor et Alexandre[79], possède le caractère d'une sentence générale : « mais c'est la coutume de tous les amants de repaître volontiers leurs yeux de regards »[80]. Nous avons montré l'importance de la vue dans le processus de la naissance de l'amour ; son rôle reste aussi considérable dans la suite de l'histoire des amants : dans trois romans (*Erec et Enide, Cligés* et le *Chevalier de la Charrete*), le développement de la passion amoureuse se fait possible grâce à l'action du regard des yeux.

Ce recours au regard peut résulter de causes différentes : soit il est une conséquence directe de la fascination réciproque des

---

[78] *Ibidem*, vv. 3118-3123.

[79] *Cligés*, vv. 584-556.

[80] Chrétien de Troyes, *Cligès*, traduit en français moderne par A. Micha, Paris 1982, p. 26.

amants et une des façons de réaliser leur connaissance approfondie (tel le cas d'Erec et Enide), soit il devient (par suite des
circonstances défavorables) le seul moyen de la progression
dans l'amour, comme dans le cas de Fénice et de Cligés ou dans
celui de Lancelot et de la reine.

Le roman d'*Erec et Enide* fournit l'exemple d'une situation
« régulière » des amants qui – décidés à se marier, acceptés pleinement par l'entourage – ne sont nullement troublés dans leur
amour. C'est, paraît-il, une situation idéale pour son développement. Le regard – juste, limpide et transparent comme ses
propriétaires – fait grandir leur amour :

> De l'esgarder ne puet preu faire :
> quant plus l'esgarde et plus li plest,
> ne puet müer qu'il ne la best[81].

Le regard d'Erec n'est pas solitaire : il trouve son correspondant dans le regard d'Enide : « mes ne remire mie mains / la
dameisele le vasal »[82].

En fait, c'est une règle (nous allons le constater dans le cas
des deux autres romans) que pour nourrir vraiment l'amour
des amants, il faut que leurs regards soient réciproques. Erec
et Enide « n'an preïssent par reançon / li uns de l'autre regarder »[83]. C'est pourquoi il serait utile de relire ce passage en entier pour constater la sérénité de la scène : nous sommes loin
d'un regard inquiet à cause de l'incertitude, agité et troublé par
une passion incontrôlée. Le regard – rassuré par la certitude
de la réciprocité du sentiment et par les conditions favora-
bles – nourrit l'amour des amants sans leur causer la moindre
souffrance.

---

[81] *Erec et Enide*, vv. 1466-1468.

[82] *Ibidem*, vv. 1478-1479.

[83] *Ibidem*, vv. 1482-1483.

Nous retrouvons un motif analogue dans la description de la nuit de noces d'Erec et Enide où le narrateur constate : « li oel d'esgarder se refont »[84]. Chrétien n'emploie plus les termes : *peissent* ni *acroist*, mais le verbe *se refont* qui (bien que plus général et plus vaste dans son champ sémantique) exprime la même idée d'accroissement, d'approfondissement[85]. L'amour des amants grandit ainsi grâce à l'action du regard des yeux. Une telle situation n'est pas quand même caractéristique de l'ensemble du roman. Elle est typique de sa première partie, celle que nous identifions au « pemiers vers » (vv. 1-1796) du roman[86]. Jean-Marie Fritz, dans son analyse de la structure d'*Erec et Enide*, définit cette partie comme une sorte de « court roman idyllique qui se termine sur le mariage du héros, analogue à la première strophe printanière de la chanson courtoise »[87]. Dans la suite de son analyse, il précise cependant : « *Erec et Enide* est en réalité un roman idyllique qui échoue : le mariage des deux amants qui clôt le *premerains vers* ne constitue pas la fin du roman et ne suffit pas à assurer le bonheur des deux protagonistes »[88].

La deuxième partie du roman fait découvrir un autre aspect de l'amour des mariés : l'amour difficile, soumis à l'épreuve,

[84] *Ibidem*, v. 2037. S. Gallien voit dans cette constatation le résumé de la « théorie selon laquelle les yeux sont la proie par où l'amour pénètre dans le cœur » (S. Gallien, *La conception sentimentale de Chrétien de Troyes, op. cit.*, p. 59).

[85] *Le Dictionnaire de l'ancien français* donne, comme une des significations du verbe *refaire*, le verbe « réconforter » (A. J. Greimas, *Dictionnaire de l'ancien français*, Paris 1992, p. 508).

[86] C'est Chrétien lui-même qui s'exprime: « ici fenist li premiers vers » (*Erec et Enide*, v. 1796).

[87] J.-M. Fritz, « Introduction », [à :] Chrétien de Troyes, *Erec et Enide*, Paris 1992, p. 9.

[88] *Ibidem*.

qui doit se raffermir dans leur quête commune[89]. Cette épreuve de l'amour va se traduire en premier lieu par l'épreuve de la parole et celle du regard. Au moment de partir, Erec ordonne à Enide :

> Alez, fet il, grant aleüre,
> et gardez ne soiez tant ose
> que, se vos veez nule chose,
> ne me dites ne ce ne quoi[90].

Le regard, jusqu'à maintenant fort actif, est condamné maintenant à une inactivité. Sera-t-il un regard stérile ? La réponse à cette question exige une analyse que – pour éviter des répétitions – nous allons effectuer dans le point suivant de notre chapitre, portant sur le regard soumis à l'épreuve.

Le motif du regard qui nourrit l'amour dans les phases succinctes de son développement apparaît dans deux autres romans de Chrétien, à savoir *Cligés* (la passion qui naît entre Cligés et Fénice) et le *Chevalier de la Charrete* (l'amour de Lancelot et de la reine). Il est permis de les traiter ensemble puisque les situations dans lesquelles il apparaît révèlent des ressemblances et des parallélismes.

Contrairement à la situation d'Erec et Enide, celle de Cligés et de Fénice, ainsi que celle de Lancelot et de Guenièvre, sont des situations « irrégulières » : à cause des obstacles extérieurs (Fénice est l'épouse de l'empereur Alis et Guenièvre – celle du roi Arthur), les amants sont obligés de cacher leur amour. En présence des autres, le regard reste le seul moyen de se contacter.

---

[89]   Sur le sens de la quête d'Erec et Enide voir, par exemple : Z. P. Zaddy, « Pourquoi Erec se décide à partir en voyage avec Enide », [dans :] *Cahiers de civilisation médiévale* 1964, n° 26, pp. 179-185.

[90]   *Erec et Enide*, vv. 2764-2767.

En décrivant le développement de l'amour des deux couples d'amants, Chrétien ne consacre pas beaucoup de place aux rencontres de leurs regards amoureux. De plus, il n'en parle pas explicitement : il les suggère. Dans *Cligés*, un seul passage signale une telle rencontre : Cligés, en partant pour la cour du roi Arthur, dit adieu à Fénice (vv. 4246-4290). L'image de l'être aimé qui se grave dans les cœurs des amants, lors de la séparation, nourrit leur amour :

Et le congié qu'il prist a li,
Com il chanja, com il pali,
Les lermes et la contenance
A toz jorz an sa remanbrance[91].

Quelques vers après, dans la plainte de Fénice, l'auteur exprime la fonction « vitale » du regard (vitale pour l'amour) : « Morte sui, quant celui ne voi / Qui de mon cuer m'a desrobee »[92].

Dans *Lancelot*, Chrétien devient encore plus discret dans l'évocation du regard dans les scènes de rencontre des amants. Nous devinons la présence du regard d'après le comportement des protagonistes ou bien le commentaire de l'auteur (cf. la rencontre de Lancelot et de Guenièvre à la cour d'Arthur, vv. 6832-6847). Parfois, l'auteur propose une variante particulière du motif du regard : regard qui renforce l'amour de l'un des amants, concrètement celui de Lancelot. Dans sa lutte contre Méléagant, celui-ci est fortifié par l'amour qui se nourrit du regard porté vers la reine :

Ensi Lanceloz [...]
[...] s'arestoit,
devant la reïne sa dame

91   *Cligés*, vv. 4319-4322.
92   *Ibidem*, vv. 4412-4413.

qui li a mis el cors la flame,
por qu'il la va si regardant[93].

De même, Lancelot – désespéré par le froid accueil de la reine – se console en accompagnant Guenièvre par le regard et ceci jusqu'à la porte de sa chambre : « Et Lanceloz jusqu'a l'antree / des ialz et del cuer la convoie »[94].

Le *Chevalier de la Charrete* contient une autre variante du motif du regard nourrissant l'amour : le regard-récompense, accordé par la dame au chevalier à cause de sa prouesse et de son amour. Pierre-Yves Badel, en analysant le rôle de la femme dans la société courtoise, écrit : « A la cour de son seigneur le jeune chevalier n'a pas de conseillers plus encourageants ou plus sévères que les regards des dames »[95]. Nous retrouvons les traces de cette coutume dans le roman de *Lancelot*. Sa réalisation est d'autant plus intéressante qu'elle se montre négative. La reine refuse cette récompense à notre héros, ce qu'elle regrette, d'ailleurs, sincèrement dans la suite du roman :

Quant il vint devant moi riant
et cuida que je li feïsse
grant joie, et que je le veïsse,
et onques veoir ne le vos,
ne li fu ce donc mortex cos ?[96]

Le regard y apparaît donc comme facteur de croissance de l'amour. Il y va soit d'une croissance « à sens unique » soit d'une croissance tellement discrète que l'auteur élimine sa description explicite du roman, en signalant au lecteur sa

---

[93]   *Chevalier de la Charrete*, vv. 3745-3751.
[94]   *Ibidem*, vv. 3970-3971.
[95]   P.-Y. Badel, *Introduction à la vie littéraire du Moyen Age, op. cit.*, p. 79.
[96]   *Chevalier de la Charrete*, vv. 4210-4214.

présence par le recours aux procédés qui témoignent d'une maîtrise des règles de la rhétorique et d'une bonne connaissance des lois de la psychologie.

2.3. Le regard soumis à l'épreuve

Dans les romans chrétienesques, l'idée de l'épreuve est une des mieux développées. Selon Simone Gallien, elle se veut l'héritage de la conception de l'amour courtois qui, loin d'être une passion mais aussi loin d'être un amour platonique, est un sentiment « que fortifient l'absence et les obstacles »[97].

Dans le chapitre portant sur la fausse connaissance, nous avons distingué un cas où le regard – soumis à l'enchantement – subordonnait l'amour du héros à l'épreuve[98]. Cette épreuve de l'enchantement, imposée, en même temps, au regard et à l'amour, était une épreuve extérieure, indépendante de la volonté des amants. Lancelot sort vainqueur de l'épreuve, son amour fait surmonter les obstacles et le regard reprend son activité habituelle. Le temps de l'épreuve est court et limité à une seule aventure du passage du Pont de l'Epée.

Un autre genre d'épreuve apparaît dans le roman d'*Erec et Enide*. Jean Frappier, qualifiant la structure de ce roman de « structure en trois temps »[99], constate : « C'est d'abord l'apparition d'un chevalier d'élite et une aventure d'amour au dénouement heureux ; puis une crise psychologique donne un nouvel élan au récit ; la troisième partie, de beaucoup plus

---

[97]   S. Gallien, *La conception sentimentale de Chrétien de Troyes, op. cit.*, p. 12.

[98]   Cf. *Chevalier de la Charrete*, vv. 3032-3037, 3118-3129.

[99]   J. Frappier, *Chrétien de Troyes, l'homme et l'œuvre, op. cit.*, p. 92.

ample, fait s'évanouir d'épisode en épisode le drame intérieur, rétablit un bonheur menacé, s'enrichit d'une aventure,
prodigieuse entre toutes, qui accroît encore le prestige du héros dans sa quête de la perfection »[100]. W. Kellermann définit
ce roman comme « un roman de la parole, d'une parole qui
n'aurait pas dû être proférée »[101]. On pourrait ajouter qu'*Erec
et Enide* est aussi un roman du regard, d'un regard qui – bien
que défendu – ne renonce pas à la fidélité et à l'amour. Au
moment du départ pour la quête, Erec défend à Enide non
seulement de lui adresser, sans sa permission, la parole, mais
même de le regarder (vv. 2764-2769). Katalin Halász attribue à cette interdiction une interprétation fort symbolique :
« Comme elle [Enide] a regardé Erec avec les yeux des autres,
elle s'estime elle-même suivant les normes de son entourage.
Il lui faudra voir Erec en danger à plusieurs reprises, le croire
mort pour qu'elle comprenne ses propres sentiments et qu'elle
reconnaisse qui elle aime »[102].

Il importe de préciser qu'en parlant ici de l'épreuve du regard, nous prenons en considération le regard amoureux : c'est
l'amour d'Enide qui est blessé puisqu'on le prive de ce qui le
nourrit. Soulignons qu'il n'y a que le regard d'Enide qui est
éprouvé ; quant à celui d'Erec, le texte garde le silence.

L'interdiction d'Erec n'est pas une décision impulsive, prise
sous l'effet d'un orgueil blessé. Erec la répète deux fois encore,
aux étapes différentes de la quête (vv. 3004-3006, 3509-3513),
ce qui révèle l'importance de l'épreuve.

---

[100] *Ibidem.*

[101] W. Kellermann, « L'Adaptation du roman d'*Erec et Enide* de Chrestien de Troyes
par Hartmann von Aue », [dans :] *Mélanges de langue et de littérature du Moyen
Age et de la Renaissance offerts à Jean Frappier par ses collègues, ses élèves et ses
amis*, t. I, Genève 1970, p. 519.

[102] K. Halász, *Structures narratives chez Chrétien de Troyes, op. cit.*, p. 20.

Le texte du roman nous autorise à constater qu'il existe un lien entre l'amour des amants et leurs regards : en particulier, la crise de l'amour entraîne celle du regard. Par conséquent, les deux crises causent la purification de l'amour, mais aussi celle du regard. En commentant ce fragment du roman, John Bednar constate : « Trop content de son sort, Erec s'est laissé aller. Il a perdu le sens du devoir et il néglige les vertus de chevalerie. Maintenant il doit passer par la souffrance et la privation pour se purifier et pour réparer. Et Enide, sa femme, doit l'accompagner en partant devant : de cette manière les deux ne peuvent plus se regarder et laissent s'infiltrer en eux le message du Diable »[103].

Cependant, ne faut-il pas voir, plutôt, dans cette purification (et, par suite, dans l'absence du regard) non pas la preuve d'une punition et de l'infiltration des forces du mal, mais le temps privilégié du développement de l'amour, en particulier de son intériorisation ? Le regard des yeux y cède la place à celui du cœur. En fait, cité ou gardé sous silence par l'auteur, le regard reste le plus souvent l'organe de la vision amoureuse qui, soumis à l'épreuve extérieure, ne fait que favoriser le développement de l'amour et, finalement, rend cette vision plus parfaite, mais aussi plus réelle.

Une autre variante du motif du regard amoureux soumis à l'épreuve lors du développement de l'amour apparaît dans l'*Yvain*. Dans *Erec et Enide*, Chrétien avait parlé explicitement de l'épreuve de l'amour et de celle du regard ; *Yvain* reste dans ce domaine plus implicite et plus discret. L'auteur suggère l'idée de l'épreuve du protagoniste par la description de son état et de ses souffrances.

La folie d'Yvain est une épreuve particulière : c'est, d'abord, un état indépendant de la volonté du protagoniste et, surtout, c'est une épreuve de longue durée. Ce n'est plus l'épreuve du

---

[103] J. Bednar, *La spiritualité et le symbolisme dans les œuvres de Chrétien de Troyes*, *op. cit.*, p. 60.

regard des yeux ni du cœur. C'est une épreuve générale des sens, de l'intelligence et de la mémoire : « Lors se li monte uns torbeillons / el chief, si grant que il forsane »[104].

Yvain, avec son caractère passionné, impulsif et frénétique, réagit à la crise autrement qu'Erec ; c'est pour cela, peut-être, que l'épreuve qu'il lui faut subir est complètement différente de celle d'Erec et Enide. Le texte du roman laisse supposer que, durant la folie, le développement de l'amour d'Yvain est freiné. L'épreuve, de ce point de vue, semble donc « stérile » : elle n'entraîne ni purification ni approfondissement de l'amour et de la connaissance. Le héros, guéri par un onguent magique et délivré de son ancien moi, doit commencer une vie nouvelle. En même temps, nous découvrons que – lors de la maladie – le regard (sans pourtant disparaître) n'influence pas la vie émotionnelle et intellectuelle du héros. Après la guérison, une autre épreuve attend Yvain : celle de l'éloignement de sa dame. La scène du retour du protagoniste à la fontaine merveilleuse révèle la dureté de cet état[105]. Rappelons-nous l'attitude de Lancelot qui, à la vue du peigne et des cheveux de la reine, tombe dans l'extase amoureuse, ce qui trahit son bonheur et son émotion. L'effet que produit chez Yvain la vue du lieu évoquant le souvenir de Laudine est diamétralement différent : c'est un désespoir qui le menace d'un nouvel accès de folie. Le regard s'y trouve, lui aussi, soumis à l'épreuve, car l'objet de l'amour disparaît et la vision qui envahit la mémoire du protagoniste le blesse.

Dans la suite de l'histoire, l'épreuve subit une modification : Yvain, en délivrant Lunete du bûcher, rencontre Laudine qui ne le reconnaît pas et à qui il ne veut pas révéler son identité :

---

[104] *Chevalier au Lion*, vv. 2806-2807.

[105] Cf. *ibidem*, vv. 3528 ss.

[...] et lui est molt tart que il voie
des ialz celi que ses cuers voit
en quelque leu qu'ele onques soit ;
as ialz la quiert tant qu'il la trueve,
et met son cuer an tel esprueve
qu'il le retient, et si l'afreinne
si com an retient a grant painne
au fort frain son cheval tirant.
Et ne por quant an sopirant
la regarde molt volantiers,
mes ne fet mie si antiers
ses sopirs que l'an les conuisse,
einz les retranche a grant angoisse[106].

Cette fois-ci, l'objet de l'amour réapparaît, ce qui met – momentanément – fin à l'épreuve du regard des yeux, mais le héros continue à souffrir, car celle qu'il regarde ne lui est pas encore accessible. Remarquons que l'auteur parle explicitement du cœur qui est soumis à l'épreuve par les yeux, mais il ne dit rien à propos du regard soumis à l'épreuve par la privation de la vue de sa bien-aimée. Nous devinons cette épreuve à travers le commentaire de l'auteur qui relate la hâte d'Yvain de revoir Laudine. Il importe de constater que l'épreuve de l'éloignement (conscient !) est pour le regard et, en conséquence, pour le héros, une épreuve positive puisqu'elle renforce son amour et le purifie.

Le même type d'épreuve (l'éloignement) apparaît dans *Cligés*. A la plainte de Fénice qui exprime sa douleur après le départ de son ami : « Morte sui, quant celui ne voi / Qui de mon cuer m'a desrobee »[107] correspond le commentaire qui relate un sentiment analogue de Cligés :

Talanz li prant que il s'an aille,
Car trop a fet grant consirree

---

[106] *Ibidem*, vv. 4338-4350.

[107] *Cligés*, vv. 4412-4413.

De veoir la plus desirree
C'onques nus puisse desirrer[108].

Comme dans le cas d'Yvain, l'épreuve de l'éloign ment est pour Cligés et Fénice une épreuve positive, donc contribuant au développement de l'amour. La seule différence réside dans le fait qu'Yvain subit son épreuve seul, tandis que Cligés et Fénice la vivent simultanément, ce qui rend la séparation moins pénible.

2.4. Le regard transformé

Parmi les épisodes qu'on pourrait qualifier d'amoureux, contenus dans les quatre premiers romans chrétienesques, il y en a qui illustrent l'intériorisation et la purification du regard. Ces deux formes de modification ne menaient cependant pas à une transformation : le regard devenait plus limpide et plus perspicace, mais il restait toujours le regard des yeux, actif au niveau des sens. Le dernier roman, *Perceval*, offre un exemple unique du regard qui subit une transformation.

La transformation du regard reste liée à la modification de l'esprit du roman. Comme le souligne Danielle Régnier-Bohler, « la quête de la femme et de l'aventure, le désir de concilier l'amour et la prouesse cèdent ici la place à une image autre de la chevalerie, tout imprégnée de spiritualité »[109]. Pour saisir cette métamorphose du regard, il est utile de se pencher sur l'épisode qui relate la rencontre de Perceval avec

---

[108] *Ibidem*, vv. 5020-5023. Quelques vers plus loin, l'auteur reprend la métaphore du cœur volé par l'Amour : « Molt li tarde que celi voie / Qui son cuer li fortret et tolt. » (*ibidem*, vv. 5034-5035).

[109] D. Régnier-Bohler, *La Légende Arthurienne*, Paris 1989, p. 4.

Blanchefleur[110]. En relatant la beauté de Blanchefleur[111] lors de
cette première entrevue, Chrétien se montre réservé et discret.
Le texte est fort laconique :

> Et quant li chevaliers la voit,
> si la salue, et ele lui,
> et li chevalier amedui ;
> et la dameisele le prant
> par la main debonerement,
> et dist : [...][112]

Simone Gallien constatera même, dans l'analyse de cette
scène, que « Perceval [...] passera la soirée sans prononcer une
parole et ne prendra même pas conscience de la beauté de
Blanchefleur assise à ses côtés »[113]. Elle remarquera cependant,
dans la suite de son analyse, que la distraction « de ce jeune
homme qui ne remarque même pas la beauté de la demoiselle,
est la preuve de sa prédestination [...] ; bien avant l'aventure du
Graal, Perceval détourne ses regards de l'amour »[114].

Le regard des protagonistes n'est pas, dans cette situation,
un regard contemplatif : Perceval se comporte en chevalier
courtois : à la vue de la belle demoiselle, il la salue, mais non
comme un chevalier amoureux. Le texte se montre aussi bien
discret quant à la réaction de Blanchefleur à la vue du jeune
chevalier.

---

[110] P. Gallais dit à ce propos : « Perceval ne désire pas Blanchefleur [...]. Il ne se rend
même pas compte qu'il l'aime » (P. Gallais, *Perceval et l'Initiation*, Paris 1972,
p. 164), et S. Gallien constate : « l'amour ne joue plus son rôle d'inspirateur
de prouesse. C'est ailleurs que Perceval cherchera, se détournant de la femme.
C'est à l'éternelle Beauté qu'il aspire » (S. Gallien, *La conception sentimentale de
Chrétien de Troyes, op. cit.*, p. 89).

[111] Cf. *Conte du Graal*, t. I, vv. 1796-1827.

[112] *Ibidem*, vv. 1828-1833.

[113] S. Gallien, *La conception sentimentale de Chrétien de Troyes, op. cit.*, p. 93.

[114] *Ibidem*, pp. 93-94.

La suite de l'épisode qui relate le séjour de Perceval dans le château de Beaurepaire ne suggère aucune présence du regard amoureux : Perceval et Blanchefleur sont amis, sans être amants.

En comparant l'attitude de Perceval envers Blanchefleur, en particulier la neutralité de son regard, avec l'état d'extase dans lequel le met la vue des trois gouttes de sang sur la neige qui évoque pour lui le souvenir de son amie, nous mesurons le degré de la transformation intérieure de Perceval.

L'extase de Perceval ressemble à celle de Lancelot devant le cortège et les cheveux de la reine ; Perceval « panse tant que il s'oblie »[115], « ne mot / et fait sanblant que pas ne l'ot »[116]. A ceux qui l'observent, il semble sommeiller[117].

Ce souvenir-évocation est-il le signe d'un éveil tardif de l'amour du jeune Gallois ? La lecture superficielle du texte pourrait apporter une réponse affirmative : comme Lancelot, Perceval se laisse envahir par la puissance évocatrice de la vision que lui présentent les yeux. Cependant, contrairement à Lancelot, cette vision ne réveille pas en lui le désir de la quête amoureuse de la dame. L'épisode des trois gouttes de sang sur la neige semble être un épisode qui n'a aucune importance pour le registre amoureux du roman : le motif de Blanchefleur ne reviendra plus dans le texte. Peut-être, si Chrétien avait pu achever le roman, l'amour aurait-il manifesté sa présence ? Mais, peut-être, tout simplement, s'agissait-il d'introduire une unité purement narrative qui dynamiserait l'action du roman ?

Le symbolisme de la scène analysée permet de jeter une lumière sur le problème posé : en révélant cette sensibilité

---

[115] *Conte du Graal*, t. I, v. 4182.

[116] *Ibidem*, vv. 4223-4224.

[117] Cf. *ibidem*, vv. 4189-4193, 4202-4204.

inhabituelle (et tellement surprenante) de Perceval, l'auteur
indique l'état intérieur du protagoniste. En même temps,
nous remarquons le changement de la puissance et du registre du regard : le regard des yeux (à Beaurepaire) paraissait
insensible à la beauté naturelle de Blanchefleur. Dans le pré
enneigé, il découvre cette beauté, mais à travers une vision
qui – extérieurement – n'a rien de commun avec la personne
de Blanchefleur. L'extase de Perceval est due à une illumination intérieure :

> « [...] devant moi an ice leu
> avoit. III. gotes de frés sanc
> qui anluminoient le blanc.
> An l'esgarder m'estoit avis
> que la fresche color del vis
> m'amie la bele i veïsse »[118].

Il est impossible, en fait, de dire ce que contemple Perceval.
Simone Gallien considère que « le silence du poète sur les pensées de Perceval laisse une grande liberté à notre imagination
et il est permis de voir ici l'amour nié et dépassé au moment
même de son affirmation »[119]. Par contre, Gustave Cohen interprète ce motif comme une évocation contemplative par Perceval du sang du Christ qui dégoutte de la lance portée dans la
procession du Graal[120].

Une illumination subite, bien que mystérieuse, témoigne
d'une transformation du regard de Perceval qui est capable de
capter le lien intérieur – celui de l'amour – entre deux visions
apparemment incohérentes. Il ne s'agit plus du regard du cœur,
mais déjà du regard spirituel sensible aux liens et aux signes

---

[118] *Ibidem*, 4426-4431.

[119] S. Gallien, *La conception sentimentale de Chrétien de Troyes*, op. cit., p. 99.

[120] Cf. G. Cohen, *Chrétien de Troyes, un grand romancier d'aventure et d'amour*,
Paris 1931, p. 150.

spirituels, invisibles pour le cœur dominé par une passion amoureuse.

Il est à remarquer que l'épisode des trois gouttes de sang suit dans le texte l'épisode du Graal. L'ordre chronologique des événements semble être, lui aussi, bien significatif. Les considérations de John Bednar nous suggèrent que dans la scène des trois gouttes Perceval a déjà remplacé « la figure de Blanchefleur par l'image de la lance qui saigne et celle du Graal »[121]. Charles Méla voit de même un lien évident entre les épisodes : « si le sang sur la neige est devenu la 'semblance' de Blanchefleur, il fallait aussi bien lire sur son visage de merveille le secret de la lance de 'sang, blanc(he)', au château de tous les mystères. L'énigme du Graal est comme portée par un mystère d'amour. Tel est le sens de ce qui s'écrit avec le sang sur la neige »[122]. C'est l'expérience du Graal qui paraît transformer le regard de Perceval en l'ouvrant à une vision spirituelle.

* * *

Les quatre fonctions du regard distinguées dans la phase du développement de l'amour témoignent d'une grande vitalité du motif du regard qui non seulement ne disparaît pas, une fois le processus de la naissance de l'amour achevé, mais accompagne les amants à toutes les étapes du développement de cet amour.

---

[121] J. Bednar, *La spiritualité et le symbolisme dans les œuvres de Chrétien de Troyes*, *op. cit.*, p. 144.

[122] Ch. Méla, « Introduction », [à :] Chrétien de Troyes, *Le Conte du Graal ou le Roman de Perceval*, éd. Ch. Méla, Paris 1990, p. 10.

3. Le regard médiateur entre l'amour et la lumière

Dans la partie introductive de *Cligés*, Chrétien compare l'amour naissant au feu :

> Et ce que li uns l'autre voit,
> Ne plus n'an puet dire ne feire,
> Lor torne molt a grant contraire
> Et l'amors acroist et alume ;
> Mes de toz amanz est costume
> Que volantiers peissent lor ialz
> D'esgarder, s'il ne pueent mialz,
> Et cuident, por ce qu'il lor plest
> Ce dont amors acroist et nest,
> Qu'aidier lor doie, si lor nuist :
> Tot ausi con cil plus se cuist,
> Qui au feu s'aproche et acoste,
> Que cil qui arrieres s'an oste.
> Adès croist l'amors et si monte ;
> Mes li uns a de l'autre honte,
> Si se cuevre et çoile chascuns,
> Si que n'an pert flame ne funs
> Del charbon qui est soz la cendre.
> Por ce n'est pas la chalors mandre,
> Einçois dure la chalors plus
> Desoz la cendre que desus[123].

Il est intéressant de constater que le motif du feu apparaît dans le passage qui est une réflexion théorique sur la nature de l'amour, mise dans la bouche du narrateur. Par contre, dans les fragments qui se réfèrent aux personnages et aux situations concrètes, l'auteur compare l'amour non pas au feu, mais à la

---

[123] *Cligés*, vv. 580-600.

lumière. Cette « idéalisation du feu dans la lumière »[124] paraît significative : la lumière n'est pas seulement un symbole, mais elle devient comme une sorte d'« agent de la pureté »[125]. Le double phénomène de l'amour ardent et de l'amour lumineux apparaît intéressant pour le sujet de nos recherches puisque, dans les deux cas (malgré la différence du contexte et de la fonction de l'épisode) le regard se manifeste pour remplir le rôle du médiateur.

Dans le présent chapitre, nous allons cependant nous concentrer sur la place du regard dans le rapport établi entre l'amour et la lumière, en laissant de côté l'analyse analogique qui embrasserait le feu : celui-ci intervient marginalement, rien que sous forme d'une digression.

Dans les cinq romans de Chrétien, la naissance et la contemplation de l'amour sont liées à la lumière. Ce lien devient possible grâce à la présence du regard qui, situé aux niveaux différents, réagit aux différentes sortes de lumière et sur les deux registres de l'amour : terrestre et spirituel.

3.1. Médiation entre la lumière terrestre et l'amour terrestre

Parmi tous les romans chrétienesques, c'est *Cligés* qui se montre le plus lumineux, c'est-à-dire doté du plus grand nombre d'éléments qui renvoient au principe de *claritas*, tellement apprécié par l'esthétique et la philosophie médiévales.

---

[124] L'expression tirée de la *Psychanalyse du feu* de G. Bachelard, Paris 1938, p. 209.

[125] *Ibidem*.

L'analyse des épisodes qui relatent les rencontres amoureuses (surtout les premières) révèle une présence abondante de la lumière. Celle-ci provient, en premier lieu, de la beauté des amants : c'est la beauté qui émane, qui attire le regard des protagonistes, l'illumine et le transforme en regard amoureux. La beauté de Soredamor est présentée avec le regard amoureux d'Alexandre qui, dans un long monologue[126], contemple son souvenir. Essayons de distinguer les traits particuliers de cette beauté :

> La floiche et li penon nsanble
> Sont si pres, qui bien les ravise,
> Que il n'i a c'une devise
> Ausi con d'une greve estroite ;
> Mes ele est si polie et droite
> Qu'an la rote sanz demander
> N'a rien qui face a amander.
> Li penon sont si coloré
> Con s'il estoient tuit doré,
> Mes doreüre n'i fet rien,
> Car li penon, ce savez bien,
> Estoient plus luisant ancores.
> Li penon sont les treces sores
> Que je vi l'autre jor an mer,
> [...]
> El front que Dex a fet tant cler
> Que nule rien n'i feroit glace,
> Ne esmeraude, ne topace ?
> Mes an tot ce n'a riens a dire,
> Qui la clarté des ialz remire ;
> Car a toz ces qui les esgardent
> Sanblent deus chandoiles qui ardent.
> Et qui a boche si delivre,
> Qui la face poïst descrivre,
> Le nes bien fet, et le cler vis,

---

[126] Cf. *Cligés*, vv. 618-864.

Com la rose oscure le lis,
Einsi come li lis esface,
Por bien anluminer la face,
Et de la bochete riant
Que Dex fist tele a esciant,
Por ce que nus ne la veïst
Qui ne cuidast qu'ele reïst ?
Et quel sont li dant an la boche ?
Li uns de l'autre si prés toche,
Qu'il sanble que il s'antretaingnent ;
Et por ce que mialz i avaingnent,
I fist Nature un petit d'uevre :
Qui verroit con la bochete oevre,
Ne diroit mie que li dant
Ne fussent d'ivoire ou d'argent.
Tant a a dire et a retraire
An chascune chose a portraire,
Et el manton, et es oroilles,
Qu'il ne seroit pas granz mervoilles,
Se aucune chose i trespas.
De la boche ne di ge pas
Que vers li ne soit cristax trobles ;
Li cors est plus blans quatre dobles ;
Plus clere d'ivoire est la trece.
Tant com il a des la chevece
Jusqu'au fermail d'antroverture,
Vi del piz nu sanz coverture
Plus blanc que n'est la nois negiee[127].

La lecture attentive de cette longue citation fait découvrir tout un lexique lié à la lumière. En fait, le premier trait caractéristique de la beauté présentée est celui de sa luminosité. L'auteur obtient l'effet de cette luminosité grâce à l'emploi du vocabulaire évoquant la lumière : *doré, doreüre, luisant, sores*[128],

---

[127]   *Ibidem*, vv. 770-837.

[128]   *Sor*, dans l'ancien français, veut dire « jaune or » (cf. A. J. Greimas, *Dictionnaire de l'ancien français. Le Moyen Age*, Paris 1992, p. 564).

*clarté, cler, chandoiles, ardent, anluminer, argent, blanc, nois, ne-
giee.* L'absence des couleurs intenses s'y veut bien significative :
l'auteur, le plus souvent, a recours à deux couleurs : « blanc »
et « or »[129]. La préférence donnée à ces deux couleurs n'étonne
pas si on la considère dans le contexte de l'esthétique médiévale ainsi que dans celui des symboliques celtique et chrétienne
qui, sans doute, n'étaient pas étrangères à Chrétien[130]. Rappelons ici, à titre d'exemple de cette esthétique de la lumière, les
Etymologies d'Isidore de Séville qui donnent préférence à tout
ce qui resplendit[131]. Comme le rappelle Edgar de Bruyne, au
Moyen Age on apprécie « tout ce qui brille, comme le verre,
l'or, la pierre précieuse, tout ce qui est poli et beau. La couleur
doit flamboyer comme le feu, briller comme l'air illuminé, ruti-
ler comme le soleil. Elle n'est vraiment belle que lorsqu'elle est
toute pure, filtrée, tamisée [...]. La couleur a quelque chose de
métallique et comme le bronze, l'or, l'argent, elle emprunte son
éclat à l'air pénétré de lumière »[132].

---

[129]   « Or » est considéré au Moyen Age comme la couleur royale ; « blanc » – comme
        « couleur de la lumière pure » (E. de Bruyne, *Etudes d'esthétique médiévale*, t. 1,
        op. cit., p. 298).

[130]   Dans la symbolique celtique, le blanc est réservé aux élus : pour les druides
        et pour les bardes (cf. J. Chevalier, A. Gheerbrant, *Dictionnaire des symboles.
        Mythes, rêves, coutumes, gestes, formes, figures, couleurs, nombres*, Paris 1982, p.
        127). En gaulois, *vindo-s*, adjectif qui entre dans de nombreuses compositions,
        signifie « blanc » et « beau » ; en moyen irlandais, *find* veut dire « blanc » et
        « saint » ; en brittonique (gall. *gwyn*, brét. *gwenn*) : à la fois « blanc » et « bien-
        heureux » (*ibidem*, p. 127). La symbolique chrétienne associe la couleur blanche
        à l'idée de la pureté, de l'illumination et de la transformation ; dans le vocabu-
        laire biblique, le blanc est la couleur de la révélation, de la transformation : voir
        le récit de la Transfiguration au mont du Tabor : « Et il fut transfiguré devant
        eux, et ses vêtements devinrent resplendissants, d'une telle blancheur qu'aucun
        foulon sur la terre ne peut blanchir de la sorte » (Mc 9,3).

[131]   Cf. E. de Bruyne, *Etudes d'esthétique médiévale*, t. 1, *op. cit.*, p. 298.

[132]   *Ibidem.*

L'effet de la luminosité est renforcé par l'emploi des comparaisons et des métaphores qui se réfèrent aux pierres précieuses : *ivoire, cristax* ajoutent une nuance particulière à la beauté
présentée. En plus, ils la nobilitent. Remarquons que, même si
les pierres aux couleurs plus intenses (« esmeraude », « topa-
ce ») sont présentes dans le texte, nous observons une certaine
réserve de l'auteur par rapport à leur emploi. Ce dépouillement
de l'intensité de couleurs peut se traduire par le principe selon
lequel la vraie beauté n'a pas besoin de parure.

Le regard d'Alexandre réagit à la beauté de Soredamor : il
l'enregistre et transmet sa lumière au cœur du jeune homme en
l'éveillant à l'amour. Pour expliquer le mécanisme de la naissance de l'amour dans le cœur d'Alexandre, l'auteur recourt
à trois métaphores : celle de *mereors* (vv.702-707), celle de *len-
terne* (vv. 708-716, 724-725) et celle de *verrine* (vv. 717-725).
Les trois objets fonctionnent grâce au principe de la lumière ;
l'auteur souligne d'ailleurs cette relation dans la constatation
suivante :

Ce meïsmes sachiez des ialz,
Et del voirre et de la lanterne :
Car es ialz se fiert la luiserne
Ou li ceurs se remire, et voit
L'uevre de fors, quex qu'ele soit[133].

Ce fragment du monologue d'Alexandre se révèle bien important pour comprendre le rôle des yeux dans la relation analysée entre la lumière et l'amour. L'auteur dit explicitement :

Li ialz n'a soin de rien antandre,
Ne rien ne puet feire a nul fuer,
Mes c'est li mereors au cuer[134].

---

[133]　*Cligés*, vv. 724-728.
[134]　*Ibidem*, vv. 702-704.

L'œil n'a souci de nul désir et ne peut rien par lui-même : son rôle est bien défini et bien restreint : il n'est qu'un médiateur. Complétons cette constatation par une autre que l'auteur fait prononcer à Soredamor :

> « Se sa biautez mes ialz reclaimme
> Et mi oel voient le reclaim,
> Dirai ge por ce que ge l'aim ?
> Nenil, car ce seroit mançonge.
> Por ce n'a il an moi chalonge,
> Ne plus ne mains n'i puet clamer :
> L'an ne puet pas des ialz amer »[135].

Le motif de la beauté lumineuse qui éveille le regard des yeux et ensuite (par l'intermédiaire de ceux-ci) le regard du cœur à l'amour, réapparaît dans le passage de *Cligés* relatant la rencontre de Cligés avec Fénice[136]. La façon de traiter ce motif est cependant bien différente. La luminosité de la beauté de Soredamor et d'Alexandre était suggérée par l'emploi des substantifs et adjectifs évoquant la lumière. Ceci n'est pas le cas dans la description de Fénice et de Cligés où, dès le début, l'auteur annonce sa discrétion dans la peinture de la beauté de la jeune fille :

> Por ce que g'en diroie mains,
> Ne braz, ne cors, ne chief, ne mains
> Ne vuel par parole descrivre,
> Car se mil anz avoie a vivre
> Et chascun jor doblast mes sans,
> Si perdroie gie mon porpans,
> Einçois que le voir an deïsse.
> Bien sai, se m'an antremeïsse
> Et tot mon san i anpleasse,
> Que tote ma poinne i gastasse,
> Et ce seroit poinne gastee[137].

---

[135]   *Ibidem*, vv. 486-492.
[136]   Cf. *ibidem*, vv. 2706-2720.
[137]   *Ibidem*, vv. 2695-2705.

Il recourt au même procédé dans la description de Cligés :

Por la biauté Clygés retreire
Vuel une description feire,
Don molt sera bries li passages[138].

Comment expliquer cette réticence de l'auteur devant les descriptions détaillées qui pourtant sont un point stable de ses présentations des amants ? Souci de ne pas ennuyer le lecteur par des répétitions ou plutôt un renoncement au schéma au profit d'une forme plus profonde ?

Le fragment inséré entre les deux citations évoquées semble faciliter la réponse à la question posée :

Tant s'est la pucele hastee
Que ele est el palés venue,
Chief descovert et face nue,
Et la luors de sa biauté
Rant el palés plus grant clarté
Ne feïssent quatre escharboncle.
Devant l'empereor son oncle
Estoit Clygés desafublez.
Un po fu li jorz enublez,
Mes tant estoient bel andui,
Antre la pucele et celui,
C'uns rais de lor biauté issoit,
Don li palés resplandissoit
Tot autresi con li solauz
Qui nest molt clers et molt vermauz[139].

La rencontre des jeunes gens est pleine de lumière : de la lumière qui n'est plus suggérée mais explicitement nommée – lumière qui émane réellement de la beauté des deux êtres humains. Son intensité est si grande que toute autre description de la luminosité semblerait pauvre et terne. Peut-être Chrétien ne vou-

---

[138] *Ibidem*, vv. 2721-2723.
[139] *Ibidem*, vv. 2706-2720.

lait-il pas disperser l'effet de cette lumière, considérée comme le reflet de la beauté des amants, en introduisant des descriptions qui se rapportaient à chacun des amants pris séparément ?

Soulignons que la lumière qui émane de la beauté ne fait plus ici partie des procédés stylistiques – comparaisons ou métaphores. Il ne s'agit pas, non plus, du niveau de la seule esthétique de la lumière, mais déjà de celui de la philosophie de la lumière. Le lien entre la lumière et la beauté demeure fort et devient explicite : c'est l'éclat de la beauté de Fénice qui répand une clarté plus grande que celle de quatre escarboucles ; les jeunes sont si beaux qu'un rayon émane de leur beauté. Ce passage est le seul dans toute l'œuvre de Chrétien à définir si ouvertement et si précisément le lien entre la beauté et la lumière.

Dans cette scène éclatante de lumière et subtile, le regard trouve sa place. En fait, loin de disparaître, il devient seulement plus discret. Nous avons contemplé la beauté de Soredamor avec le regard amoureux d'Alexandre ; amoureux, donc subjectif. Nous découvrons la beauté de Fénice et celle de Cligés avec le regard du narrateur. Le regard y perd de sa subjectivité. Il ne perd cependant pas de sa perspicacité. Tout au contraire : par son objectivité et sa distance, il en gagne encore. Nous assistons en même temps au procédé de l'élargissement du champ de vision : le regard du narrateur se confond avec celui des observateurs qui assistent à la première rencontre des jeunes. Ce n'est plus une simple relation de la beauté, de la jeunesse et de l'amour, c'est un vrai spectacle :

> Et cil qui ne le conoissoient
> De lui esgarder s'angoissoient ;
> Et ausi li autre s'angoissent,
> Qui la pucele ne conoissent,
> Qu'a mervoilles l'esgardent tuit[140].

---

[140] *Ibidem*, vv. 2755-2759.

Les yeux des spectateurs ne restent pas insensibles à la lumière de la beauté qui les envahit ; encore plus entraînés par cette lumière, ce sont les yeux des deux amants :

Mes Clygés par amors conduit
Vers li ses ialz covertemant
Et ramainne [...][141]

A son tour, Fénice :

N'an set plus mes que bel le voit,
Et s'ele rien amer devoit
Por biauté qu'an home veïst,
N'est droiz qu'aillors son cuer meïst[142].

Les amants ne sont pas maîtres de la lumière qui émane de leur beauté. La beauté est une valeur indépendante, suprême, qui se fait subordonner l'amour. Une telle subordination est possible grâce à l'action du regard.

Le texte de *Cligés* contient un autre élément lumineux : celui du cheveu d'or que Soredamor met dans la chemise offerte par la reine à Alexandre. La clarté qu'il répand dépasse la clarté de l'or : « autant ou plus con li ors / estoit li chevox clers et sors »[143].

La chose ne passe pas inaperçue pour la reine qui :

[...] remira
Le fil d'or qui molt anpira ;
Et li chevox anbloïssoit,
Que que li filz d'or palissoit[144].

Elle partage cette découverte avec Alexandre pour qui le cheveu de la bien-aimée devient l'objet de l'adoration.

---

[141] *Ibidem*, vv. 2760-2762.
[142] *Ibidem*, vv. 2773-2776.
[143] *Ibidem*, vv. 1159-1160.
[144] *Ibidem*, vv. 1547-1550.

Un autre élément lumineux évoqué dans *Cligés,* c'est le prénom de Soredamor. En fait, dans sa plainte amoureuse, la jeune
fille explique elle-même sa signification :

« Aucune chose senefie
Ce que la premiere partie
En mon non est de color d'or,
Et li meillor sont li plus sor.
Por ce tieng mon non a meillor
Qu'an mon non a de la color
A cui li miaudres ors s'acorde,
Et la fine amors me recorde :
Car qui par mon droit non m'apele
Toz jorz amors me renovele ;
Et l'une mitiez l'autre dore
De doreüre clere et sore,
Et autant dit Soredamors
Come sororee d'amors.
Doreüre d'or n'est si fine
Come ceste qui m'anlumine :
Molt m'a donc Amors enoree,
Quant il de lui m'a sororee,
Et je metrai an lui ma cure,
Que de lui soie doreüre,
Ne ja mes ne m'an clamerai »[145].

Dans aucune autre œuvre chrétienesque ne se trouve un
prénom aussi symbolique et aussi lumineux. Sauf, peut-être, le
Conte du Graal où – dans l'épisode du château mystérieux des
trois reines – retentit le prénom de *Clarissanz*[146].

---

[145] *Ibidem,* vv. 959-979.
[146] Cf. *Conte du Graal,* t. II, v. 8015.

* * *

En poursuivant le classement des romans de Chrétien suivant le principe de l'intensité de la luminosité, il faut évoquer, en deuxième lieu, *Erec et Enide*. La scène de la première rencontre des amants s'y joue également dans le cadre de la lumière qui est l'effet du rayonnement de la beauté physique des amants. Si, cependant, dans *Cligés* l'auteur parle explicitement de la lumière, dans *Erec et Enide* il ne fait qu'introduire des éléments lumineux de la beauté. Le portrait d'Enide ressemble ainsi au portrait de Soredamor et de Fénice :

> [...] fu vestue
> d'une chemise par panz lee,
> delïee, blanche et ridee ;
> un blanc cheinse ot vestu desus,
> [...]
> Por voir vos di qu'Isolz la blonde
> n'ot les crins tant sors ne luisanz
> que a cesti ne fust neanz.
> Plus ot que n'est la flors de lis
> cler et blanc le front et le vis ;
> sor la color, par grant mervoille,
> d'une fresche color vermoille,
> que Nature li ot donee,
> estoit sa face anluminee.
> Si oel si grant clarté randoient
> que deus estoiles ressanbloient[147].

Nous retrouvons les mêmes éléments lumineux dans les trois portraits : le vêtement, les cheveux, le visage et les yeux qui absorbent la lumière tout en émanant d'elle.

Il importe de rappeler que le roman d'*Erec et Enide* a été écrit avant *Cligés*. Vu dans cette perspective, ce dernier semble

---

147 *Erec et Enide*, vv. 402-434.

une réécriture du motif de la lumière introduit dans *Erec et Enide*. Il y va d'un développement non seulement quantitatif (les passages du texte qui l'exploitent sont ici beaucoup plus nombreux) mais aussi qualitatif : ce qui dans *Erec et Enide* a été simplement signalé et introduit dans un but purement rhétorique, dans *Cligés* atteint une dimension symbolique. Cette symbolique est importante non seulement pour le niveau esthétique du roman mais aussi pour son sens : la présence de la lumière explique le mécanisme de la naissance de l'amour de Cligés et de Fénice mais, de plus, témoigne du caractère exceptionnel de cet amour. En même temps, elle justifie cet amour qui, autrement, aurait pû être traité comme l'amour coupable.

Le portrait d'Enide est le seul passage qui signale la présence de la lumière dans le contexte amoureux du roman. L'autre portrait d'Enide, et plus exactement la description de la robe qui lui est offerte par la reine Guenièvre[148], contient aussi des éléments lumineux mais – sans être lié au contexte amoureux – il ne présente aucun intérêt pour le domaine de la recherche cerné par ce chapitre[149].

* * *

Dans le *Chevalier de la Charrete*, troisième roman de Chrétien dans notre classement par luminosité, l'élément évoquant la lumière dans la description des amants apparaît dans la mention d'« une molt blanche chemise »[150] revêtue par Guenièvre

---

[148] Cf. *ibidem*, vv. 1573-1647.

[149] Sur la signification de cette scène, voir J. Le Goff, *L'Imaginaire médiéval, op. cit.*, pp. 188-207.

[150] *Chevalier de la Charrete*, v. 4579.

la nuit de sa rencontre amoureuse avec Lancelot. Dans un autre passage, l'auteur introduit, de plus – comme il l'avait déjà fait dans *Cligés* – le motif du cheveu lumineux de la bien-aimée qui devient l'objet de l'adoration du chevalier. La réaction de Lancelot à la vue des cheveux de la reine rappelle l'attitude d'adoration d'Alexandre devant le cheveu d'or de Soredamor enfilé dans la chemise tissée par elle pour l'élu de son cœur. Les deux descriptions se ressemblent ; voici comment l'auteur décrit dans le *Chevalier de la Charrete* la beauté des cheveux de la reine :

> [...] les chevox que vos veez,
> si biax, si clers et si luisanz,
> [...]
> del chief la reïne furent.
> [...]
> ors .Cm. foiz esmerez
> et puis autantes foiz recuiz
> fust plus oscurs que n'est la nuiz
> contre le plus bel jor d'esté
> qui ait an tot cest an esté,
> qui l'or et les chevols veïst,
> si que l'un lez l'autre meïst[151].

L'attribut principal de la beauté des cheveux est celui de leur éclat. Le regard avec lequel le destinataire du texte découvre la luminosité des cheveux est celui du narrateur qui s'identifie, d'ailleurs, au regard du chevalier (Alexandre / Lancelot). Ainsi les deux niveaux du regard, objectif et subjectif, s'interposent. Les effets qu'ils provoquent sont différents : le regard objectif du narrateur inspire l'admiration ; le regard subjectif du protagoniste fait naître ou grandir l'amour.

---

[151] *Ibidem*, vv. 1414-1494.

* * *

Dans le *Chevalier au Lion*, la description de la beauté de Laudine contient quelques éléments lumineux connus déjà des trois
romans précédents. Cependant, l'intensité de ces éléments est
ici moins grande ; l'auteur n'évoque que deux éléments. En plus,
leur luminosité paraît ternie par le deuil de la jeune veuve :

> Grant duel ai de ses biax chevox
> c'onques rien tant amer ne vox,
> que fin or passent, tant reluisent.
> [...]
> Et voir, ele ne se faint mie
> qu'au pis qu'ele puet ne se face,
> et nus cristauz ne nule glace
> n'est si clere ne si polie[152].

Il est difficile, d'ailleurs, de parler, dans le cas de Laudine,
d'un portrait typique pour la poétique chrétienesque : son
harmonie est troublée par le drame du meurtre d'Esclados le
Roux.

Le *Chevalier au Lion* se montre le roman le moins lumineux
de tous les romans de Chrétien : dans l'histoire de l'amour de
Laudine et d'Yvain, la lumière est peu signalée.

Le motif de la lumière y apparaît une seule fois et sous la
forme d'une métaphore dans le récit de la rencontre de Lunete
avec Gauvain[153] où Lunete est comparée à la lune et Gauvain
– au soleil. Puisque, cependant, cette rencontre se situe dans
le cadre d'un jeu courtois et non d'un vrai amour, et le regard
n'y est pas mentionné, nous n'allons pas la prendre en considération dans notre analyse.

---

[152] *Chevalier au Lion*, vv. 1465-1487.
[153] *Ibidem*, vv. 2398-2413.

Le dernier roman, le *Conte du Graal*, ne se situe pas non plus dans le cadre de nos recherches : le motif de la lumière y est bien présent mais cette lumière n'est pas une lumière terrestre et ne se situe pas dans le domaine des rencontres amoureuses.

3.2. Médiation entre la lumière spirituelle et l'amour spirituel

Parmi les cinq romans de Chrétien, il y en a un – le *Conte du Graal* – où l'amour courtois et l'amour terrestre cèdent la place à l'amour spirituel. Nous proposons, dans le cadre de ce chapitre, d'examiner quelle transformation subit, dans ce nouveau contexte, la lumière et quelle place y tient le regard.

Suivant plusieurs chercheurs, Blanchefleur apparaît dans le *Conte du Graal* pour initier le fils de la Dame Veuve à la vie spirituelle. Comme le remarque, par exemple, Pierre Gallais, « la rencontre de Blanchefleur, visiblement, représente une étape dans le développement intérieur de Perceval »[154]. Il est vrai que l'auteur présente au lecteur un portrait magnifique de Blanchefleur[155], considéré parfois comme le plus beau portrait féminin que Chrétien ait créé dans ses romans. Mais il est vrai aussi que le texte n'évoque nulle part, explicitement, l'admiration de Perceval manifestée envers cette beauté. Pour citer, une fois de plus, l'avis de Pierre Gallais, « le portrait d'Enide nous livre une clef pour le *Perceval*. En effet, quelle est la réaction d'Erec au spectacle de cette beauté, œuvre de Dieu ? „Erec d'autre part s'esbahi / quant an li si grant biauté vit" (*Erec*, vv. 448-449). Et

---

[154] P. Gallais, *Perceval et l'Initiation, op. cit.*, p. 164.

[155] Cf. *Conte du Graal*, t. I, vv. 1808-1823.

quelle est la réaction de Perceval devant celle de Blanchefleur,
doublet d'Enide ? Nulle. La nuit [...], Perceval *acole* son amie,
jue et se *deduit* avec elle (vv. 2361, 2574/2576), mais à aucun
moment il ne la contemple ni ne l'admire »[156].

La beauté de Blanchefleur est lumineuse, plus lumineuse
même que celle d'Enide, Soredamor, Fénice, Laudine ou Guenièvre. Pour la peindre, Chrétien accumule les substantifs, les
adjectifs et les verbes qui – dans l'imagination du lecteur ou du
spectateur – tracent un portrait plein de lumière :

> Deslïee fu, et si ot
> les chevox tex, s'estre poïst,
> que bien cuidast qui les veïst
> que il fussent tuit de fin or,
> tant estoient luisant et sor.
> Le front ot blanc et haut et plain
> com se il fust ovrez de main,
> que de main d'ome l'uevre fust
> de pierre ou d'ivoire ou de fust.
> Sorcix brunez et large antr'uel,
> an la teste furent li oel
> riant et veir et cler fandu.
> Le nés ot droit et estandu,
> et mialz li avenoit el vis
> li vermauz sor le blanc asis
> que li sinoples sor l'argent[157].

La beauté de Blanchefleur resplendit d'autant plus que le cadre de la rencontre – Beaurepaire – est sombre, triste, presque
morne ; Blanchefleur est le seul rayon qui dissipe ses ténèbres.
Ce rayonnement semble, cependant, s'adresser plus au regard
du destinataire du texte. Perceval ne se laisse pas séduire par
la beauté de la jeune fille. Il s'en souviendra, ou plutôt il la

[156] P. Gallais, *Perceval et l'Initiation, op. cit.*, p. 165.
[157] *Conte du Graal*, t. I, vv. 1808-1823.

découvrira, dans la contemplation des trois gouttes de sang sur la neige. Nous avons déjà constaté, à l'occasion de l'analyse de cette scène dans le chapitre portant sur le développement de l'amour, que – contrairement aux ténèbres de Beaurepaire – la contemplation des trois gouttes de sang s'effectue dans un cadre lumineux, aveuglant presque par l'éclat de la blancheur de la neige. La lumière de cette scène est une lumière complètement terrestre, mais l'amour qui s'éveille dans le cœur de Perceval n'est pas un amour terrestre, comme son regard n'est plus un simple regard des yeux mais un regard déjà spirituel. Le lien, apparamment incohérent, entre le genre de la lumière et celui du regard et de l'amour devient compréhensible si nous nous rappelons que la scène de la contemplation des trois gouttes de sang est précédée par le fameux épisode du Graal[158], le plus lumineux que Chrétien ait jamais introduit dans ses romans. En fait, « l'aspect du Graal sur lequel Chrétien de Troyes insiste particulièrement, c'est la lumière, la clarté qui en émane »[159].

La lumière qui accompagne le cortège du Graal n'est pas une simple lumière qui est l'effet du rayonnement des pierres précieuses, de l'or, des chandeliers ou de la beauté de la porteuse du Graal. Contrairement à Faith Lyons pour qui la lumière du Graal est une lumière merveilleuse mais non surnaturelle ou mystique[160], Pierre Gallais trouve qu'« au Châ-

[158] Cf. *ibidem*, vv. 3178-3290.

[159] E. Vinaver, *A la recherche d'une poétique médiévale*, Paris 1970, p. 125.

[160] Selon F. Lyons, la lumière du Graal vient surtout du rayonnement des pierres précieuses : « Si les pierres du Graal surpassent toutes les autres, elles doivent être phosphorescentes comme l'escarboucle d'où émane une lumière merveilleuse. Dans les romans français, la beauté de l'être humain n'éclaire que le jour et ce sont les pierres seules qui illuminent la nuit » (F. Lyons, « Beauté et lumière dans le *Perceval* de Chrétien de Troyes », [dans :] *Romania* 1965, t. LXXXVI, p. 109). L'auteur considère aussi que Chrétien « utilise l'image de la lumière à des fins

teau du Graal, Perceval a l'expérience d'une Lumière 'surnaturelle' »[161].

L'analyse du texte ne permet pas de répondre avec une to-
tale certitude à la question de savoir quelle hypothèse est la
plus juste. Pourtant, vu la transformation intérieure de Perceval, commencée après la manifestation du Graal, nous avons le
droit d'envisager que le passage évoqué ne peut pas être considéré dans un cadre privé de dimension surnaturelle.

La lumière qui accompagne le cortège du Graal est d'abord
saisie par le regard de Perceval ; la remarque de l'auteur : « li
vaslez vit » revient deux fois dans la description du cortège[162] et
une fois l'auteur signale : « le graal trespasser veoit / par devant
lui tot descovert »[163].

Il est intéressant de constater qu'au début de la scène, tous
voient un jeune homme qui porte une lance blanche : « et tuit
cil de leanz veoient / la lance blanche et le fer blanc »[164].

Dans la suite de l'épisode, le regard collectif disparaît :
Chrétien ne parle plus que du regard de Perceval. C'est avec
ses yeux que – jusqu'à la fin de l'épisode – nous suivons le
cortège du Graal. Son regard est d'autant plus important qu'il
porte le poids de la construction narrative et dramatique de
toute la scène qui, par le choix du jeune Gallois, se déroule
sans aucune parole qui expliquerait le mystère du cortège
passant.

---

d'émerveillement, surpassant par une surenchère le banal et l'ordinaire, mais il
n'essaie pas d'atteindre les hauteurs religieuses » (*ibidem*, p. 110).

[161] P. Gallais, *Perceval et l'Initiation, op. cit.*, p. 112.

[162] Cf. *Conte du Graal*, t. I, v. 3190, 3231.

[163] *Ibidem*, vv. 3288-3289.

[164] *Ibidem*, vv. 3184-3185.

L'expérience du Graal est en premier lieu une expérience personnelle de Perceval. C'est, de plus, une expérience intense de la lumière qui (perçue ou non par les autres – le texte n'en dit rien) est saisie par le regard de Perceval. Chrétien dit explicitement : « Li vaslez vit », donc il y va sûrement du regard des yeux. Il est pourtant difficile de juger si ce regard des yeux se dédouble, dans l'épisode cité, du regard du cœur. Vu la transformation intérieure de Perceval, nous pouvons seulement nous douter que l'amour qu'éveille en lui cette lumière est d'ordre spirituel. La lumière physique, grâce à l'action du regard des yeux, conduit ainsi à l'amour spirituel.

Cette relation paraît d'autant plus intéressante qu'elle peut être considérée en lien direct avec l'épisode des trois gouttes de sang sur la neige qui semble parallèle à l'épisode du Graal. Les trois éléments : la lumière, le regard et l'amour y sont bien présents. Il n'y a que leur caractère et leur dimension qui changent. La lumière qui accompagne la contemplation des trois gouttes est purement physique : à la lumière de l'aurore s'ajoute la blancheur de la neige et l'éclat des « . III. gotes de frés sanc / qui anluminoient le blanc »[165]. Par contre, le regard de Perceval qui – comme dans l'épisode du Graal – joue un rôle de première importance, possède une structure composée : le regard des yeux qui initie la contemplation en offrant à l'imagination et à l'esprit de Perceval l'image des trois gouttes répandues sur la neige, cède presque immédiatement la place au regard du cœur. Il est significatif que – contrairement à l'épisode décrivant le cortège du Graal – le regard de Perceval ne dévoile pas au destinataire du texte l'image que celui-ci contemple : nous l'apprenons ensuite, grâce aux paroles de Perceval.

---

[165]   *Ibidem*, vv. 4427-4428.

Une autre remarque s'impose : le regard de Perceval, intériorisé et actif (bien que discret), s'efface devant le regard de ceux qui observent notre protagoniste. Les observateurs voient le jeune homme sans percevoir ce qu'il contemple. En même temps, bien que le champ de la vision extérieure reste identique, Perceval et les spectateurs voient autre chose. Le premier regarde avec les yeux du cœur ; tous les autres – avec le regard des yeux.

Il est vrai que l'épisode du Graal renvoie à l'initiation à l'amour spirituel et l'épisode des trois gouttes sur la neige s'associe à un sentiment terrestre, éveillé par le souvenir de la beauté du visage de Blanchefleur que contemple le jeune Gallois. Il ne faut pas, pourtant, oublier que Blanchefleur n'est pas pour Perceval une bien-aimée courtoise, comme lui-même n'est pas son chevalier courtois. Blanchefleur semble être le symbole qui se situe à la frontière du monde de la chair et du monde de l'Esprit[166]. Ainsi, la tendresse qu'éprouve Perceval pour la demoiselle semble préfigurer l'amour spirituel.

Les deux épisodes : celui du Graal et celui des trois gouttes de sang sur la neige révèlent deux aspects différents et, en même temps, complémentaires, de la lumière et de l'amour. Ils indiquent aussi une double structure et un double rôle du regard qui – suivant le caractère de la lumière et de l'amour ainsi que le contexte de leur manifestation – remplit soit le rôle initiatique, soit médiateur.

ɕ

---

[166] P. Gallais introduit la notion du « couple de Médiateurs : Blanchefleur – Graal » : couple qui ouvre Perceval au monde de l'Esprit (P. Gallais, *Perceval et l'Initiation, op. cit.*, p. 115).

Conclusions

Le chemin que nous avons parcouru, en poursuivant le motif et l'action du regard dans l'univers romanesque de Chrétien de Troyes, nous invite à faire le bilan de nos recherches. Il importe d'abord de souligner que, dans les textes analysés, le regard manifeste sa présence à chaque étape de l'existence des protagonistes. Ce regard est doté d'une puissance extraordinaire : celle de faire naître, de faire vivre, de faire connaître, de faire agir, d'établir un échange, mais aussi – au contraire – celle de fixer, d'immobiliser, de ralentir ou bien d'arrêter le cours de la vie des héros et l'action des textes étudiés.

Il est ensuite à remarquer que, suivant les circonstances, le regard remplit dans nos textes un rôle passif ou actif. Passif, lorsqu'il devient transparent pour recevoir l'image et pour la conserver. Actif, quand il révèle cette image pour la transformer et communiquer.

Le regard chrétienesque se montre polyvalent ; il varie selon les personnages ou suivant les situations. Cette diversité s'oriente vers une unité fonctionnelle : le regard construit l'univers des héros qui sont en même temps regardants et regardés.

Le regard chez Chrétien n'est jamais meurtrier ni coupable. Il ne cause pas la perte de son propriétaire ou de ceux qui l'entourent, comme c'était le cas, par exemple, dans la scène d'Orphée regardant Eurydice lors du chemin de retour à la terre, ou de la femme de Loth qui – malgré l'interdiction – a jeté son regard sur Sodome, ou bien de Narcisse tombé amoureux de son image. S'il lui arrive, parfois, de tromper le protagoniste, il ne le trompe jamais définitivement. Et si Chrétien introduit, dans certains épisodes, des monstres, en les dotant des pouvoirs maléfiques, le regard des Gorgones lui reste inconnu. En fait, si – par son inspiration platonicienne – la conception chrétienesque du regard rejoint la tradition antique, elle n'hérite pas de la connotation mythique qui s'associe le plus souvent à une symbolique néfaste. Il ne s'agit nullement de la hantise du « mauvais œil » qui ensorcellerait, chargé d'un rayonnement mortel. D'autre part, le regard chez Chrétien, contrairement à la parole, n'est jamais défendu. Dans ce point, Chrétien s'éloigne de la tradition judaïque où, parfois, voir ou regarder veut dire s'exposer à la mort.

Les textes analysés démontrent que le regard marque par sa présence les débuts de la connaissance et de l'amour. A la lumière de cette constatation, une autre question s'impose : est-ce que tout y finit par le regard ? Impossible de donner la réponse dans le cas des deux romans inachevés par Chrétien : le *Chevalier de la Charrete* et le *Conte du Graal*. Quant à *Erec et Enide*, *Cligés* et *Yvain*, nous remarquons une certaine régularité : dans les parties finales des textes, le regard s'efface progressivement, mais il est difficile de dire quel sort finalement il subit. Si nous n'avons pas le droit de constater, avec toute certitude, qu'il disparaît, nous ne pouvons pas non plus affirmer qu'il demeure. En adoptant comme critère du jugement sa présence effective, donc signalée explicitement par l'auteur, nous serions obligés d'avouer qu'il se perd, tout simplement, en route. Suivant, en revanche, la logique de l'intériorisation et de la transformation du regard, il nous serait possible d'accepter l'hypothèse qu'il se dissimule et change de forme sans, quand même, définitivement disparaître. Il serait intéressant de relire les textes des romans pour saisir le moment de cette disparition ou dissimulation du regard.

Une autre question, analogue mais plus large par son contexte, s'impose : quel sort subit le regard dans les romans qui ont voulu prendre la suite de l'œuvre de Chrétien ? Pour savoir où est la règle et où intervient l'exception, il faudrait étendre nos recherches sur l'ensemble de la littérature romanesque des XIIe et XIIIe siècles.

Parmi les textes qui reprennent au XIIIe siècle la thématique du Graal, tels, par exemple, *Estoire del Saint Graal, Perlesvaus, La Queste del Saint Graal*, le regard des yeux, considéré en particulier dans sa fonction narrative, semble de plus en plus céder au regard du cœur et à celui de l'âme. Purifié dans les épreuves, il se transforme et s'ouvre bien souvent à une réalité spirituelle représentée par des visions diverses. A côté de la vision du Graal, il contemple les visions du Christ, de la Mère de Dieu, de l'Enfant-Jésus ou même de la Sainte Trinité. Parfois, à côté du regard qui se meut dans la réalité sensuelle ou spirituelle, intervient le regard qui s'inscrit dans un songe. Cette transgression de la frontière entre le rêve et le réel reste, cependant, bien rare.

Le thème du regard évolue autrement dans les romans consacrés aux aventures de Gauvain. Citons ici, à titre d'exemple, le *Chevalier à l'épée*, l'*Atre périlleux*, la *Demoiselle à la mule, Hunbaut*. Dans ce type du roman, le regard spirituel est pratiquement absent, ce qui semble se justifier par le caractère des aventures relatées. En même temps, le regard devient discret. Même s'il se manifeste à l'occasion des spectacles-tournois ou des premières rencontres amoureuses, il y perd de son autonomie : la parole l'accompagne toujours et, souvent, elle tend à le remplacer.

Parmi les romans du XIIIe siècle qui ne sont pas, au sens strict, des continuations de l'œuvre de Chrétien, il y en a un qui attire l'attention : le *Roman de la Rose*. Certaines affinités avec les romans chrétienesques y sont manifestes. Le regard se montre surtout actif dans la première partie de ce roman, consacrée à la découverte du lieu et à l'initiation amoureuse, où le texte se construit au rythme des découvertes visualisées. Le regard s'y inscrit dans une série des métaphores et, par rapport aux textes chrétienesques, s'y montre moins naturel, moins spontané et moins sublime. Par contre, le motif du miroir y occupe une place plus considérable, en apparaissant sous la forme d'une fontaine périlleuse, qui n'est pas simplement un élément ornemental : sa symbolique trahit une dimension didactique et moralisatrice.

Vu l'influence de Chrétien sur ses contemporains et sur ses successeurs, il n'est pas exagéré de constater que, tout en résumant les idées rhétoriques, philosophiques et esthétiques du XIIe siècle, les écrits de notre romancier en préparent le dépassement. Notre lecture de Chrétien avait pour but non seulement d'examiner la présence du regard dans l'univers romanesque, mais aussi de montrer la richesse et l'art du maître champenois qui se montre plus moderne que l'on ne le pense souvent.

ℭ

Bibliographie

Littérature

Textes étudiés

Les romans de Chrétien de Troyes édités d'après la copie de Guiot (Bibl. nat., fr. 794). *I. Erec et Enide*, publié par Mario Roques, Paris : Champion 1990.

Les romans de Chrétien de Troyes édités d'après la copie de Guiot (Bibl. nat., fr. 794). *II. Cligés*, publié par Alexandre Micha, Paris : Champion 1982.

Les romans de Chrétien de Troyes édités d'après la copie de Guiot (Bibl. nat., fr. 794). *III. Le Chevalier de la Charrete*, publié par Mario Roques, Paris : Champion 1990.

Les romans de Chrétien de Troyes édités d'après la copie de Guiot (Bibl. nat., fr. 794). *IV. Le Chevalier au Lion (Yvain)*, publié par Mario Roques, Paris : Champion 1982.

Les romans de Chrétien de Troyes édités d'après la copie de Guiot (Bibl. nat., fr. 794). *V. Le Conte du Graal (Perceval)*, t. I, publié par Félix Lecoy, Paris : Champion 1990.

Les romans de Chrétien de Troyes édités d'après la copie de Guiot (Bibl. nat., fr. 794). *VI. Le Conte du Graal (Perceval)*, t. II, publié par Félix Lecoy, Paris : Champion 1984.

Chrétien de Troyes, *Erec et Enide*, édité par Jean-Marie Fritz, Paris : LGF 1992.

Chrétien de Troyes, *Le Chevalier de la charrette ou Le Roman de Lancelot*, édité par Charles Méla, Paris : LGF 1992.

Chrétien de Troyes, *Le Conte du Graal ou le Roman de Perceval*, édité par Charles Méla, Paris : LGF 1990.

Textes consultés (littératures antique et médiévale)

André le Chapelain, *Traité de l'amour courtois*, traduit en français par Claude Buridant, Paris : Klincksieck 1974.

Ovide, *Opera omnia*, 3 vol., Lipsiae : s. e., 1980.

Travaux critiques

Allard Jean-Paul, *L'initiation royale d'Érec, le chevalier*, Milano : Archè – Paris : Belles Lettres 1987.

Altieri Marcelle, *Les romans de Chrétien de Troyes. Leur persepctive proverbiale et gnomique*, Paris : Nizet 1976.

Amour et Chevalerie dans les romans de Chrétien de Troyes. Actes du colloque de Troyes, 1992, éd. Danielle Quéruel, Paris : Les Belles Lettres 1995.

Aronstein Susan, « *Chevaliers estre deüssiez* : pouvoir, discours et courtoisie dans le *Conte du Graal* », [dans :] *Polyphonie du Graal*, éd. Denis Hüe, Orléans : Paradigme 1998, pp. 11-31.

Artin Tom, *The Allegory of Adventure. Reading Chrétien's* Erec *and* Yvain, Lewisburg : Bucknell University Press 1974.

Badel Pierre-Yves, *Introduction à la vie littéraire du Moyen Age*, Paris : Bordas 1969.

Bang Carol C., « Emotions and attitudes in Chrétien's de Troyes *Erec et Enide* and Hartmann von Aue's *Erec der Wanderaere* », [dans :] *Publications of the Modern Language Association of America* 1942, n° 57, pp. 297-326.

Bartosz Antoni, *Le sens et la représentation du geste dans les romans français des XIIᵉ et XIIIᵉ siècles*, thèse dactylographiée, Paris : Sorbonne 1994.

Baumgartner Emmanuèle, *Moyen Age. 1050-1486*, Paris : Bordas 1988.

Bednar John, *La spiritualité et le symbolisme dans les œuvres de Chrétien de Troyes*, Paris : Nizet 1974.

Beltrami Pietro G., « Lancelot entre Lanzelet et Énéas : remarques sur le sens du *Chevalier de la charrette* », [dans :] *Zeitschrift für französische Sprache und Literatur* 1989, n° 99, pp. 234-260.

Bezzola Reto R., *Les Origines et la formation de la littérature courtoise en Occident (500-1200)*, 2 vol., Paris : Champion 1967.

Bonnefois Pascal, Ollier Marie-Louise, *'Yvain ou le Chevalier au Lion'*. *Concordance lemmatisée*, Paris : Université Paris 7 1988 (*Collection ERA*, n° 642).

Boutet Dominique, Strubel Armand, *Littérature, politique et société dans la France au Moyen Age*, Paris : PUF 1979.

Brand Wolfgang, *Chrétien de Troyes. Zur Dichtungstechnik seiner Romane*, München : Wilhelm Fink Verlag 1972.

Brault Gerard J., « Chrétien de Troyes' *Lancelot*: the eye and the heart », [dans :] *Bibliographical Bulletin of the International Arthurian Society. Bulletin bibliographique de la Société internationale arthurienne* 1972, n° 24, pp. 142-153.

Brault Gerard J., « Fonction et sens de l'épisode du château de Pesme Aventure dans l'*Yvain* de Chrétien de Troyes », [dans :] *Mélanges de langue et littérature françaises du Moyen Âge et de la Renaissance offerts à Monsieur Charles Foulon, professeur de langue et littérature françaises du Moyen Âge et de la Renaissance, par ses collègues, ses élèves et ses amis*, t. I, Rennes : Institut de français, Université de Haute-Bretagne 1980, pp. 59-64.

Chandes Gérard, *Le serpent, la femme et l'épée : recherches sur l'imagination symbolique d'un romancier médiéval : Chrétien de Troyes*, Amsterdam : Rodopi 1986.

Chênerie Marie-Luce, *Le chevalier errant dans les romans arthuriens en vers des XIIe et XIIIe siècles*, Genève : Droz 1986.

Chrétien de Troyes and the Troubadours. Essays in memory of the late Leslie Topsfield, éd. par Peter S. Noble, Linda M. Paterson, Cambridge : St. Catherine's College 1984.

Chrétien de Troyes et le Graal. Colloque arthurien belge de Bruges, éd. Jacques Stiennon et al., Paris : Nizet 1984.

Cohen Gustave, *Chrétien de Troyes, un grand romancier d'aventure et d'amour*, Paris : Boivin 1931.

Cormier Raymond, « Brutality and violence in medieval French romance and its consequences », [dans :] *Violence in Medieval Courtly Literature*, éd. Albrecht Classen, New York – London : Routledge 2004, pp. 67-82.

Cross Tom Peete, Nitze William Albert, *Lancelot and Guenevere : A Study on the Origins of Courtly Love*, Chicago : The University of Chicago Press 1930.

Curtius Ernst-Robert, *La littérature européenne et le Moyen Age latin*, trad. française de Jean Bréjoux, Paris : PUF 1956.

Daiciu Violeta, *Enjeux idéologiques dans* Le conte du Graal *de Chrétien de Troyes*, Lund : Lunds Universitet 2007.

Davy Marie-Madeleine, *Initiation à la symbolique romane (XIIᵉ siècle)*, Paris : Flammarion 1977.

De Bruyne Edgar, *Etudes d'esthétique médiévale*, t. 1-3, Bruges : De Tempel 1946.

De Bruyne Edgar, *L'Esthétique du Moyen Age*, Louvain : l'Institut Supérieur de Philosophie 1947.

Delbouille Maurice, « Réalité du château du Roi-Pêcheur dans le *Conte del Graal* », [dans :] *Mélanges offerts à René Crozet*, éd. Pierre Gallais, Yves Jean Riou, Poitiers : Société d'études médiévales 1966, pp. 903-913.

Dulac Liliane, « Peut-on comprendre les relations entre Érec et Énide? », [dans :] *Le Moyen Âge* 1994, n° 1, pp. 37-50.

Dybeł Katarzyna, « L'influence d'Ovide sur le roman arthurien en France (roman en vers et roman en prose) », [dans :] *Cahiers de l'Association Internationale des Etudes Françaises* 2006, n° 58, pp. 277-290.

Faral Edmond, *Recherches sur les sources latines des contes et romans courtois du Moyen Age*, Paris : Champion 1913.

Faral Edmond, *Les Arts poétiques du XIIᵉ et du XIIIᵉ siècle*, Paris : Champion 1962 (1ère édition : 1923).

Favati Guido, « Una traccia di cultura neoplatonica in Chrétien de Troyes : Il tema degli occhi come specchio (*Cligés*, vv. 692-749) », [dans :] *Studi in onore di Carlo Pellegrini*, éd. Glauco Natoli, Torino : Società Editrice Internazionale 1963, pp. 3-13.

Fourrier Anthime, *Le courant réaliste dans le roman courtois en France au Moyen Age*, t. 1 : Le XIIe siècle, Paris : Nizet 1960.

Fowler David C., « L'amour dans le *Lancelot* de Chrétien », [dans :] *Romania* 1970, n° 91, pp. 378-391.

Frappier Jean, *Les Cours de Sorbonne – Le roman breton. Chrétien de Troyes, Yvain ou Le Chevalier au Lion*, Paris : Centre de Documentation Universitaire 1952.

Frappier Jean, *Les Cours de Sorbonne – Le roman breton. Chrétien de Troyes, Perceval ou Le Conte du Graal*, Paris : Centre de Documentation Universitaire 1953.

Frappier Jean, *Chrétien de Troyes, l'homme et l'œuvre*, Paris : Hatier-Boivin 1957.

Frappier Jean, « Variations sur le thème du miroir, de Bernard de Ventadour à Maurice Scève », [dans :] *Cahiers de l'Association Internationale des Etudes Françaises* 1959, n° 11, pp. 134-158.

Frappier Jean, « La brisure du couplet dans *Erec et Enide* », [dans :] *Romania* 1965, LXXXVI, pp. 1-21.

Frappier Jean, *Amour courtois et Table Ronde*, Genève : Droz 1973.

Frappier Jean, *Du Moyen Age à la Renaissance : études d'histoire et de critique littéraire*, Paris : Champion 1976.

Gallais Pierre, *Perceval et l'Initiation*, Paris : Sirac 1972.

Gallien Simone, *La conception sentimentale de Chrétien de Troyes*, Paris : Nizet 1975.

Grimbert Joan Tasker, *Yvain dans le miroir. Une poétique de la réflexion chez Chrétien de Troyes*, Amsterdam–Philadelphia : J. B. Publishing Company 1988.

Guiette Robert, « Symbolisme et *senefiance* au Moyen Age », [dans :] *Cahiers de l'Association Internationale des Etudes Françaises* 1954, n° 6, pp. 107-122.

Guyénot Laurent, *La lance qui saigne. Métatextes et hypertextes du 'Conte du Graal' de Chrétien de Troyes*, Paris : Champion 2010.

Haidu Peter, *Aesthetic Distance in Chrétien de Troyes, Irony and Comedy in Cligés and Perceval*, Genève : Droz 1968.

Haidu Peter, « Temps, histoire, subjectivité aux XIe et XIIe siècles », [dans :] *Le nombre du temps en hommage à Paul Zumthor*, éd. Emmanuèle

Baumgartner, Giuseppe Di Stefano, Françoise Ferrand, Serge Lusignan, Christiane Marchello-Nizia, Michèle Perret, Paris : Champion 1988, pp. 105-122.

Halász Katalin, *Structures narratives chez Chrétien de Troyes*, Debrecen : Lajos Kossuth Tudományegyetem 1980.

Hinton Thomas, *The 'Conte du Graal' Cycle : Chrétien de Troyes' 'Perceval', the Continuations, and French Arthurian Romance*, Cambridge : Brewer 2012.

Hoepffner Ernest, « Chrétien de Troyes et Thomas d'Angleterre », [dans :] *Romania*, 1929, pp. 1-16.

Hoepffner Ernest, « 'Matière et sens' dans le roman d'*Erec et Enide* », [dans :] *Archivum Romanicum* 1934, XVIII, pp. 433-450.

Hoggan David, « Le péché de Perceval. Pour l'authenticité de l'épisode de l'ermite dans le *Conte du Graal* de Chrétien de Troyes », [dans :] *Romania* 1972, n° 93, pp. 50-76, 244-275.

James-Raoul Danièle, *Chrétien de Troyes. Érec et Énide*, Neuilly-sur-Seine : Atlande 2010.

Jodogne Omer, « Le sens chrétien du jeune Perceval dans le *Conte du Graal* », [dans :] *Les Lettres Romanes* 1960, t. XIV, n° 2, pp. 111-121.

Kellermann Wilhelm, « L'Adaptation du roman d'*Erec et Enide* de Chrestien de Troyes par Hartmann von Aue », [dans :] *Mélanges de langue et de littérature du Moyen Age et de la Renaissance offerts à Jean Frappier par ses collègues, ses élèves et ses amis*, t. I, Genève 1970, pp. 509-522.

Kelly Douglas, « La forme et le sens de la quête dans l'*Erec et Enide* de Chrétien de Troyes », [dans :] *Romania* 1971, n° 92, pp. 326-328.

Köhler Erich, *L'aventure chevaleresque : idéal et réalité dans le roman courtois, études sur la forme des plus anciens poèmes d'Arthur et du Graal*, traduit par Eliane Kaufholz, Paris : Gallimard 1974.

Krueger Robert L., « Love, honor, and the exchange of women in *Yvain* : some remarks on the female reader », [dans :] *Romance Notes* 1985, n° 25, pp. 302-317.

Lazar Moshe, *Amour courtois et « fin'amors » dans la littérature du XIIe siècle*, Paris : Klincksieck 1964.

Lazar Moshe, « Lancelot et la *mulier mediatrix* : la quête de soi à travers la femme », [dans :] *L'esprit créateur* 1969, n° 9, pp. 243-256.

Le Goff Jacques, *L'Imaginaire médiéval*, Paris : Gallimard 1985.

Le Rider Paule, *Le chevalier dans le 'Conte du Graal' de Chrétien de Troyes*, Paris : Société d'édition d'enseignement supérieur 1978.

Lewis Charles Bertram, *Classical Mythology and Arthurian Romance. A study of the sources of Chrestien de Troyes' Yvain and other Arthurian Romances*, Oxford : University Press 1932.

Lot-Borodine Myrrha, *La femme et l'amour au XIIe siècle*, Paris : A. Picard et fils 1909.

Lot-Borodine Myrrha, *La femme et l'amour au XIIe siècle, d'après les poèmes de Chrétien de Troyes*, Genève : Slatkine Reprints 1967.

Lot-Borodine Myrrha, *De l'amour profane à l'amour sacré. Etude de psychologie sentimentale au Moyen Age*, préface d'Etienne Gilson, Paris : Nizet 1979.

Lote Georges, *Histoire du vers français*, t. 3 : *Le Moyen Age*, Paris : Hatier 1955.

Lozachmeur Jean-Claude, *L'énigme du Graal*, Turquant : Mens sana 2011.

Lyons Faith, « Beauté et lumière dans le *Perceval* de Chrétien de Troyes », [dans :] *Romania* 1965, n° 86, pp. 104-111.

Maranini Lorenza, « Educazione dell'uomo e amore nel *Conte del Graal* », [dans :] *Humanitas* 1946, n° 1, pp. 1164-1176.

Maranini Lorenza, « Cavalleria, amore coniugale e amore cortese nel *Chevalier au lion* », [dans :] *Saggi di Umanismo cristiano* 1949, n° 2, pp. 204-223.

Maranini Lorenza, *Personaggi e Immagini nell'opera di Chrétien de Troyes*, Milano : Istituto Editoriale Cisalpino 1966.

Markale Jean, *L'Epopée celtique en Bretagne*, Paris : Payot 1971.

Markale Jean, *L'Epopée celtique en Irlande*, Paris : Payot 1971.

Marx Jean, *La Légende arthurienne et le Graal*, Paris : PUF 1952.

Marx Jean, *Nouvelles recherches sur le roman arthurien*, Paris : Klincksieck 1965.

Méla Charles, *La reine et le Graal*, Paris : Editions du Seuil 1984.

Ménard Philippe, *Le rire et le sourire dans le roman courtois en France au Moyen Age (1150-1250)*, Genève : Droz 1969.

Ménard Philipe, « La déclaration amoureuse dans la littérature arthurienne au XIIe siècle », [dans :] *Cahiers de Civilisation Médiévale* 1970, n° 13, pp. 33-42.

Ménard Philippe, « Problèmes et mystères du _Conte du Graal_ : un essai d'interprétation », [dans :] _Chrétien de Troyes et le Graal. Colloque arthurien belge de Bruges_, éd. Jacques Stiennon et al., Paris : Nizet 1984, pp. 61-76.

Ménard Philippe, « Graal ou lance qui saigne? Réflexion sur l'élément de structure essentiel dans le _Conte du Graal_ de Chrétien de Troyes », [dans :] _Furent les merveilles pruvees et les aventure truvees. Hommage à Francis Dubost_, éd. Francis Gingras, Françoise Laurent, Frédérique Le Nan, Jean-René Valette, Paris : Champion 2005, pp. 423-435.

Meneghetti Maria Luisa, « _Joie de la cort_ : intégration individuelle et métaphore sociale dans _Erec et Enide_ », [dans :] _Cahiers de civilisation médiévale_ 1976, n° 76, pp. 371-379.

Merdrignac Bernard, _La vie religieuse en France au Moyen Age_, Paris : Ophrys 1994.

Micha Alexandre, _La tradition manuscrite des romans de Chrétien de Troyes_, Genève : Droz 1966.

Michaud Guy, « Le thème du miroir dans le symbolisme français », [dans :] _Cahiers de l'Association Internationale des Etudes Françaises_ 1959, n° 11, pp. 199-216.

Morawski Joseph, _Proverbes français antérieurs au XVe siècle_, Paris : Champion 1925.

Nolin-Benjamin Corine, « La fonction charnière de l'ermite dans la quête de l'identité », [dans :] _Romance Quarterly_ 1992, n° 39, pp. 387-397.

Norwood Frances E. S., « Aperçu sur le vocabulaire de la beauté dans _Erec et Enide_ », [dans :] _Bulletin des jeunes romanistes_ 1961, n° 4, pp. 26-30.

Nykrog Per, _Chrétien de Troyes – romancier discutable_, Genève : Droz 1996.

Ollier Marie-Louise, _Lexique et concordance de Chrétien de Troyes d'après la copie de Guiot avec introduction, index et rimaire, traitement informatique par Serge Lusignan, Charles Dontrelepont et Bernard Derval_, Montréal : Institut d'Etudes Médiévales – Paris : Vrin 1986.

Olschki Leonardo, « Il castello del Re Pescatore e i suoi misteri nel _Conte del Graal_ di Chrétien de Troyes », [dans :] _Memorie dell'Accademia nazionale dei Lincei. Classe di scienze morali, storiche e filologiche_ 1961, serie VIII, 10/3, pp. 101-159.

Owen D. D. R., « The radiance in the Grail castle », [dans :] _Romania_ 1962, n° 83, pp. 108-117.

Paris Gaston, « Essai sur *Le Chevalier de la Charrette* », [dans :] *Romania* 1883, t. XII, pp. 459-534.

Parronchi Alessandro, « La perspettiva dantesca », [dans :] *Studi Danteschi* 1959, t. XXXVI, pp. 5-103.

Pico Grana Berta, *Estudio lexicologico de* Guillaume d'Angleterre, *obra atribuida a Chrétien de Troyes*, La Laguna : Universidad de La Laguna 1985.

Poirion Daniel, « Du sang sur la neige : nature et fonction de l'image dans le *Conte du Graal* », [dans :] *Voices of Conscience : Essays on Medieval and Modern French Literature in Memory of James D. Powell and Rosemary Hodgins*, éd. Raymond J. Cormier, Philadelphia : Temple University Press 1977, pp. 61-70.

Poirion Daniel, *Le merveilleux dans la littérature française du Moyen Age*, Paris : PUF 1982.

Polyphonie du Graal, éd. Denis Hüe, Orléans : Paradigme 1998.

Press A. R., « Le comportement d'Erec envers Enide dans le roman de Chrétien de Troyes », [dans :] *Romania* 1969, n° 90, pp. 529-538.

Rand Edward K., *Ovid and His Influence*, Boston : Marshall Jones 1925.

Raynaud de Lage Guy, *Les premiers romans français et autres études littéraires et linguistiques*, Genève : Droz 1976.

Rey-Flaud Henry, *Le chevalier, l'autre et la mort : les aventures de Gauvain dans 'Le Conte du Graal'*, Paris : Payot 1999.

Robertson David W., « Chrétien's *Cligés* and the Ovidian Spirit », [dans :] *Comparative Literature*, 1955, t. VII, pp. 32-42.

Roques Mario, *Le graal de Chrétien et la demoiselle au graal*, Genève : Droz – Lille : Giard 1955.

Rouleau Gabriel, *Etude chronologique de quelques thèmes narratifs des romans courtois*, Paris : Champion 1963.

Saly Antoinette, « L'itinéraire intérieur dans le *Perceval* de Chrétien de Troyes et la structure de la quête de Gauvain », [dans :] *Voyage, quête, pèlerinage dans la littérature et la civilisation médiévales*, Aix-en-Provence : Publications de l'Université de Provence 1976, pp. 353-360.

Sargent-Baur Barbara N., « 'Avis li fu' : vision and cognition in the *Conte du Graal* », [dans :] *Continuations : Essays on Medieval French*

Literature and Language in Honor of John L. Grigsby, éd. Norris J. Lacy, Gloria Torrini-Roblin, Birmingham : Summa Publications 1989, pp. 133-144.

Singer Samuel, _Sprichwörter des Mittelalters_, 2 vol., Bern : Herbert Lang 1946.

Stanesco Michel, Zink Michel, _Histoire européenne du roman médiéval. Esquisse et perspective_, Paris : PUF 1992.

Starobinski Jean, « Reflet, réflexion, projection », [dans :] _Cahiers de l'Association Internationale des Etudes Françaises_ 1959, n° 11, pp. 217-230.

Tarte Ramey Lynn, « Representations of women in Chrétien de Troyes's _Erec et Enide_ : courtly literature or misogyny ? », [dans :] _The Romanic Review_ 1993, n° 84, pp. 377-386.

The Legend of Arthur in the Middle Ages : studies presented to A.H. Diverres by colleagues, pupils, and friends, éd. P. B. Grout, R. A. Lodge, C. E. Pickford, E. K. C. Varty, Cambridge : D.S. Brewer and Biblio Distribution Services 1983.

The Romances of Chrétien de Troyes. A Symposium, éd. Douglas Kelly, Kentucky : French Forum, Publishers Lexington 1985.

Tyssens Madeleine, « Une si granz clartez », [dans :] _Le Moyen Âge_ 1963, n° 69, pp. 299-313.

Vendryes J., « Les éléments celtiques de la légende du Graal », [dans :] _Études celtiques_ 1950-1951, n° 5, pp. 1-50.

Vinaver Eugène, _A la recherche d'une poétique médiévale_, Paris : Nizet 1970.

Voisset Georges M., « Ici, ailleurs, au-delà : topographie du réel et de l'irréel dans _Le Chevalier au lion_ », [dans :] _Mélanges de langue et littérature françaises du Moyen Âge offerts à Pierre Jonin_, Aix-en-Provence : Publications de l'Université de Provence 1979, pp. 703-715.

Walther Hans, _Lateinische Sprichwörter und Sentenzen des Mittelalters_, Göttingen : Vandenhoeck und Ruprecht 1963.

Watanabe Kôji, « Parole surestimée / parole sous-estimée : à propos de la structure du _Conte du graal_ de Chrétien de Troyes », [dans :] _Bulletin d'études françaises de l'Université Chuo_ 2004, n° 36, pp. 203-243.

Woledge Brian, _Commentaire sur_ Yvain (Le Chevalier au Lion) _de Chrétien de Troyes_, t. I, vv. 1-3411, Genève : Droz 1986.

Zaddy Zara Patricia, « Pourquoi Erec se décide à partir en voyage avec Enide ? », [dans :] *Cahiers de Civilisation Médiévale* 1964, n° 26, pp. 179-185.

Zumthor Paul, *Essai de poétique médiévale*, Paris : Editions du Seuil 1972.

Philosophie et théologie

Textes étudiés

Bernard de Clairvaux, *L'Amour de Dieu. La Grâce et le Libre Arbitre*, introduction, traduction, notes par Françoise Callerot, Jean Christophe, Marie-Imelda Huille, Paul Verdeyen, Paris : Cerf 1993.

La Bible, traduction œcuménique, Paris : Cerf 1987.

La Bible de Jérusalem, traduite en français sous la direction de l'Ecole biblique de Jérusalem, Paris : Cerf 1984 (1ère éd. : 1973).

Petite Philocalie de la prière du cœur, traduite par Jean Gouillard, Paris : Editions du Seuil 1979.

Platon, *Œuvres complètes*, t. I : *Apologie de Socrate. Alcibiade*, textes établis et traduits par Maurice Croiset, Paris : Les Belles Lettres 1964.

Platon, *Œuvres complètes*, t. II : *Hippias Majeur*, textes établis et traduits par Alfred Croiset, Paris : Les Belles Lettres 1936.

Platon, *Œuvres complètes*, t. V : *Cratyle*, textes établis et traduits par Louis Méridier, Paris : Les Belles Lettres 1931.

Platon, *Œuvres complètes*, t. VI : *La République*, livres I-III, textes établis et traduits par Emile Chambry, Paris : Les Belles Lettres 1943.

Platon, *Œuvres complètes*, t. VII : *La République*, livres IV-VII, textes établis et traduits par Emile Chambry, Paris : Les Belles Lettres 1946.

Platon, *Le Banquet. Phèdre*, textes traduits par Emile Chambry, Paris : Flammarion 1992.

Travaux critiques

Bernhart Joseph, *Die Philosophische Mystik des Mittelalters*, München : Reinhardt 1922.

Boyer Charles, *Christianisme et néoplatonisme dans la formation de saint Augustin*, Paris : Beauchesne 1920.

Buonaiuti Ernesto, *Il Misticismo medioevale*, Pinerolo : Casa Sociale Editrice 1928.

Charles Annick, « L'Imagination, miroir de l'âme selon Proclus », [dans :] *Le Néoplatonisme. Colloque International du C.N.R.S., Royaumont, 9-13 juin 1969*, Paris : Editon du CNRS 1971, pp. 241-251.

Chenu Marie-Dominique, *La Théologie comme science au XIIIe siècle*, 3e éd., Paris : Vrin 1943.

Chenu Marie-Dominique, *La Théologie au XIIe siècle*, 2e éd., Paris : Vrin 1966.

De Lubac Henri, *Exégèse médiévale. Les quatre sens de l'Ecriture*, t. I-II, Paris : Aubier-Montaigne 1959.

Festugière A. J., *Contemplation et vie contemplative selon Platon*, Paris : Vrin 1936.

Garin Eugenio, *Studi sul platonismo medievale*, Firenze : Le Monnier 1958.

Gilson Etienne, *L'Esprit de la philosophie médiévale*, t. I-II, Paris : Vrin 1932.

Gregory Tullio, « Le platonisme du XIIe siècle », [dans :] *Revue des sciences philosophiques et théologiques* 1987, n° 71, pp. 243-259.

I Mistici medievali, éd. Giovanni Maria Bertin, Milano : Garzanti 1944.

Javelet Robert, *Psychologie des auteurs spirituels du XIIe siècle*, Strasbourg : Muh-Leroux 1959.

Kijas Zdzisław Józef, *Niebo. Dom Ojca*, Kraków : Wydawnictwo M 2001.

Kijas Zdzisław Józef, *Odpowiedzi na 101 pytań o rzeczy ostateczne*, Kraków : Wydawnictwo WAM 2004.

Kijas Zdzisław Józef, *Il cielo luogo del desiderio di Dio*, trad. par Francesca Fornari, Roma : Città Nuova Editrice 2005.

Leclercq Jean, Vandenbroucke François, Bouyer Louis, *La spiritualité du Moyen Age*, Paris : Aubier 1961.

Leclercq Jean, Otia monastica : *Etudes sur le vocabulaire de la contemplation au Moyen Age*, Roma : Herder 1963 (*Studia Anselmiana*, n° 51).

Pépin Jean, « Augustin, Quaestio 'De Ideis'. Les affinités plotiniennes », [dans :] *From Athens to Chartres. Neoplatonism and Medieval Thought.*

Studies in honour of Edouard Jeauneau, éd. Haijo Jan Westra, Leiden – New York – Köln : Brill 1992, pp. 117-134.

Saccaro Battisti Giuseppa, « Strutture e figure retoriche nel *De Caelesti Hierarchia* dello Pseudo-Dionigi : un mezzo di espressione dell'ontologia neoplatonica », [dans :] *Neoplatonismo e religione, Archivio di Filosofia* LI, 1983, n° 1-3, pp. 293-320.

Généralités

Aziza Claude, *Dictionnaire des figures et des personnages*, Paris : Garnier 1981.

Chevalier Jean, Gheerbrant Alain, *Dictionnaire des symboles. Mythes, rêves, coutumes, gestes, formes, figures, couleurs, nombres*, Paris : Laffont – Jupiter 1982.

Concordance de la Bible de Jérusalem réalisée à partir de la banque de données bibliques de l'abbaye de Maredsous, Paris – Turnhout : Cerf – Brepois 1982.

Dictionnaire de spiritualité ascétique et mystique, sous la direction de Marcel Viller, Ferdinand Cavallera, Joseph de Guibert, t. 1-17, Paris : Beauchesne 1938-1992.

Dictionnaire de théologie chrétienne. Les grands thèmes de la foi, sous la réd. de Joseph Doré, Paris : Desclée 1979.

Encyklopedia katolicka, t. I, sous la réd. de Feliks Gryglewicz, Romuald Łukaszyk, Zygmunt Sułowski, Lublin : Wydawnictwo KUL 1973.

Encyklopedia katolicka, t. VI, sous la réd. de Jan Walkusz, Stanisław Janeczek, Stanisław Wielgus et al., Lublin : Wydawnictwo KUL 1993.

Favier Jean, *Dictionnaire de la France médiévale*, Paris : Fayard 1993.

Foulquié Paul, Saint-Jean Raymond, *Dictionnaire de la langue philosophique*, 2ᵉ éd. revue et augmentée, Paris : PUF 1969.

Greimas Algirdas Julien, *Dictionnaire de l'ancien français. Le Moyen Age*, Paris : Larousse 1992.

Laffont Robert, Bompiani Valentino, *Dictionnaire des personnages littéraires et dramatiques de tous les temps et de tous les pays. Poésie, théâtre, roman, musique*, Paris : SEDES 1962.

Legowicz Jan, *Historia filozofii średniowiecznej Europy Zachodniej*, Warszawa : PWN 1986.

Léon-Dufour Xavier, *Dictionnaire du Nouveau Testament*, Paris : Editions du Seuil 1975.

Mała encyklopedia kultury antycznej, sous la réd. de Zdzisław Piszczek, Warszawa : PWN 1966.

Monloubou Louis, *Dictionnaire biblique abrégé*, Paris : Desclée 1989.

Morier Henri, *Dictionnaire de poétique et de rhétorique*, Paris : PUF 1975.

Rahner Karl, Vorgrimler Herbert, *Petit dictionnaire de théologie catholique*, 7ᵉ éd., Paris : Editions du Seuil 1970.

Tobler Adolf, Lommatzsch Erhard, Christmann Hans H., *Altfranzösisches Wörterbuch*, t. 1- 11, Berlin–Wiesbaden–Stuttgart : Weidmann–Steiner 1925-2002.

Tatarkiewicz Władysław, *Historia filozofii*, t. I-II, Warszawa : PWN 1981.

Vocabulaire de théologie biblique, sous la direction de Xavier Léon-Dufour et al., Paris : Cerf 1962.

Wartburg Walther von et al., *Französisches Etymologisches Wörterbuch. Eine darstellung des galloromanischen sprachschatzes*, t. 1-25, Bonn–Heidelberg–Leipzig–Berlin–Bâle : Klopp–Winter–Teubner–Zbinden 1922-2002.

Zink Michel, *Introduction à la littérature française du Moyen Age*, Paris–Nancy : Hachette 1993.

Streszczenie

Między poznaniem i miłością :
spojrzenie w świecie powieści Chrétiena de Troyes

Świat starofrancuskiej powieści dwornej naznaczony jest obecnością motywu spojrzenia. Obecność ta okazuje się szczególnie istotna w pięciu powieściach dwunastowiecznego francuskiego truwera Chrétiena de Troyes (ok. 1135-1185), związanego najpierw z dworem Marii z Szampanii, a potem Filipa Alzackiego, hrabiego Flandrii. Wśród owych pięciu powieści cztery sytuują się w nurcie powieści arturiańskiej (*Erec et Enide* [*Erek i Enida*] – ok. 1170, *Lancelot ou le Chevalier de la charrette* [*Lancelot albo Rycerz na wózku*] – ok. 1177-1181, *Yvain ou le Chevalier au lion* [*Iwen albo Rycerz z lwem*] – ok. 1177-1181, *Perceval ou le Conte du Graal* [*Persewal albo Opowieść o Graalu*] – ok. 1180-1181), a jedna w nurcie powieści bizantyjskiej (*Cligés* [*Klidżes*] – ok. 1176).

We wszystkich analizowanych utworach spojrzenie funkcjonuje w obszarze wyznaczonym przez podwójną kategorię: poznania i miłości, dla których wspólnym mianownikiem okazuje się kategoria szeroko pojętej kontemplacji. Ta podwójna perspektywa wyznacza rozległy horyzont poetycki, metafizyczny i epistemologiczny, zakorzeniony w bogatej judeo-chrześcijańskiej i starożytnej tradycji, a w szczególności

w tradycji neoplatonizmu, leżącej u podstaw chrétienowskiej
wizji spojrzenia. Dzięki uwzględnieniu tego filozoficznego tła
literackiej twórczości Chrétiena, możliwym stała się rekon-
strukcja swoistej „teorii optycznej" mistrza z Szampanii, opar-
tej na tak istotnych elementach myśli platońskiej, jak relacja
dobra i piękna, wszechobecność światła, spojrzenie oczu, du-
cha i umysłu, miłość rodząca się ze spojrzenia, poznanie oparte
na akcie kontemplacji.

Spojrzenie pełni różnorodne i niezmierne istotne dla kon-
strukcji i przesłania wszystkich chrétienowskich utworów funk-
cje. Obecne jest na każdym etapie egzystencji protagonistów
i stanowi niezwykle skuteczny element _conjointure_ – „spoiwa"
łączącego poszczególne epizody miłosnej i poznawczej _queste_
(„wędrówki") bohaterów. Odgrywa też istotną rolę w rozwoju
procesu miłosnego poznania. Proces ten zakłada istnienie po-
dwójnego (zainspirowanego tradycją biblijną) rodzaju spojrzenia: spojrzenia oczu i spojrzenia serca. To ostatnie okazuje się
najpewniejszym instrumentem epistemologicznym, pomaga-
jącym określić relację pomiędzy poznaniem a rzeczywistością
w obszarze świata przedstawionego powieści.

Zgodnie z topiką charakterystyczną dla tradycji owidiań-
skiej, niezwykle popularnej w dwunastowiecznej Francji, spojrzenie warunkuje narodziny miłości. W powieściach Chrétiena, wiernych tej antycznej tradycji, spojrzenie ukierunkowuje
także proces rozwoju uczucia łączącego protagonistów. Staje
się jednocześnie nośnikiem dwóch istotnych dla charaktery-
styki kategorii zarówno poznania, jak i miłości elementów _lux_
i _claritas_, będących podstawowymi wyznacznikami estetyki
średniowiecza, do której odwołuje się Chrétien de Troyes.

Summary

Between cognition and love:
gaze in the fictional world of Chrétien de Troyes

The world of the French court novel is marked by the presence of the motif of gaze. This presence is especially significant in the five novels by the twelfth-century French *trouver* Chrétien de Troyes, who was connected first with the court of Marie de Champagne, and later, with that of Philippe of Alsace, the vice-count of Flandria. Out of his five novels, four are can be placed within the genre of Arthurian narratives (*Erec et Enide* – circa 1170, *Lancelot ou le Chevalier de la charrette* – circa 1177-1181, *Yvain ou le Chevalier au lion* – circa 1177-1181, *Perceval ou le Conte du Graal* – circa 1180-1181), and one – within the tradition of the Byzantine novel (*Cligés* – circa 1176).

In all the works under consideration gaze is to be located within the area designated by a double category of cognition and love – their common denominator seems to be a category of broadly understood contemplation. This double perspective denotes a vast poetic horizon: metaphysical and epistemological, rooted in the rich Judeo-Christian and ancient tradition, particularly, in the neo-Platonic tradition on which Chrétien's vision of gaze was founded. The inclusion of this philosophical dimension of Chrétien's literary output made it possible for literary scholars to reconstruct a particular optical theory devised by the Master of Champagne, based on such crucial elements as a relation between goodness and beauty, the omnipresence of light, the gaze of eyes, spirit and mind, love born out of gaze, cognition based on the act of contemplation.

Gaze performs diverse functions, essential for the construction and the message of all the works by Chrétien. It is to be found at every stage of the protagonists' existence and is highly effective as an element of *conjointure*, i.e. a weld connecting individual episodes of the protagonists' erotic and cognitive quest. It also plays an important role in the development of the process of erotic initiation. This process presupposes the existence of a double kind of gaze (inspired by the Biblical tradition), namely, the gaze by eyes and by the heart. The latter turns out to be the most reliable epistemological tool which helps to define the relation between cognition and reality within the represented world.

In accordance with the topoi characteristic for the Ovidian tradition, so popular in the twelfth-century France, gaze presupposes the birth of love. In Chrétien's works, faithful to the ancient tradition, gaze shapes the process of development of the affection linking the protagonists. At the same time, it also becomes a carrier of the two elements, *lux* and *claritas*, the vital components of the two categories: cognition and love, seen as essential determinants of the medieaval aesthetic underlying Chrétien's work.

Table des matières